TRANSCRIPCIONES

EXAMEN 1

TAREA 1 CD I, pista 1, p. 16

Mensaje 1
Mujer: Jorge: ha llamado Elena y nos invita a cenar en su casa esta noche para celebrar su ascenso. Marta no puede venir porque está de exámenes y Loli no contesta al teléfono. ¿Puedes llamar a tu madre a ver si ella puede quedarse con los niños? Yo salgo ahora para comprar unos pasteles para llevar, pero vuelvo antes de las 5.
Narrador: ¿Qué son Marta y Loli?

Mensaje 2
Hombre: Buenos días, soy Juan Bermúdez, director del colegio Santacruz. Llamo para hablar con los padres del alumno Jaime Martínez. Les ruego se pongan en contacto conmigo cualquier día laborable. Tienen los números en la agenda escolar de Jaime. Gracias.
Narrador: ¿Qué tienen que hacer los padres de Jaime Martínez?

Mensaje 3
Mujer: Hola, Isabel, soy Carmen. Este viernes vamos a salir toda la pandilla. Es una fiesta sorpresa para Pilar y hemos pensado en una cena y luego ir a bailar. ¿Te importa llamar a La vaca Flora y reservar una mesa para el viernes por la noche? Somos diez. Llámame con lo que sea. Un besito.
Narrador: ¿Para qué llama Carmen?

Mensaje 4
Hombre: Ignacio, soy Luis. Que hoy se me ha olvidado decirte que el director nos quiere mañana en su despacho a las 9 en punto. ¡No te preocupes! Es para discutir lo de los nuevos presupuestos. Si te parece, quedamos tú y yo media hora antes para revisar los datos.
Narrador: ¿Qué relación tienen Ignacio y Luis?

Mensaje 5
Mujer: Margarita, que soy Bea. Que me acabo de dar cuenta de que pasado mañana es el *cumple* de Laura. Al lado de mi trabajo hay una tienda con cosas muy del estilo de ella, creo yo. El otro día vi unos pañuelos de seda preciosos. ¿Qué te parece? Llámame en cuanto puedas.
Narrador: ¿Qué quiere Margarita de Bea?

Mensaje 6
Hombre: Eduardo, soy Cristian. Ayer me encontré con Ana por casualidad. Estuvimos charlando un rato y me dio la impresión de que no está muy contenta contigo... Chico, no quiero meterme en lo que no me importa, pero, yo que tú, la llamaría...
Narrador: ¿Qué piensa Cristian?

TAREA 2 CD I, pista 2, p. 17

Experiencias inolvidables

Me llamo Rosa y me casé hace ahora exactamente cinco meses y... tres días. Yo soy de las que siempre decían que no se casarían o que, si lo hacía, sería de la manera más sencilla posible. Y Manuel, mi marido, era de la misma opinión. Pero al final... ¡tuvimos una boda por todo lo alto! Y es que era tan importante para mis padres y, sobre todo, para mi abuela, que no tuve más remedio que hacerlo así. Y es que soy su única nieta. Tengo dos hermanos y cinco primos, todos chicos... y su sueño era verme a mí casada de blanco, con flores, con música...

Y es que la pobre, cuando se casó, no pudo celebrarlo porque acababa de morir su madre. Así es que yo creo que quería para mí lo que ella no tuvo.

Yo me ocupé del vestido porque tenía muy claro lo que quería. Así que hice un dibujo y se lo enseñé a una modista de mi pueblo y ella me lo hizo. Me ayudó a elegir las telas más adecuadas para el modelo que yo había diseñado. Tenía una falda muy voluminosa, quedaba precioso, pero la verdad es que luego, a la hora del vals, fue un poco incómodo. Los zapatos, aunque tenían un tacón bastante más alto que el que yo suelo llevar, eran comodísimos. Me puse también unos pendientes y un collar antiguos de mi abuela. La verdad es que, aunque esté mal decirlo, creo que iba bastante guapa...

De la fiesta y todo lo demás se encargó mi madre y la verdad es que lo hizo genial. Lo más bonito para mí es que la celebramos en el campo, en una finca preciosa que nos prestó mi tío. Él tiene varias y, como era primavera, estaba todo lleno de flores, así es que en eso no tuvimos que gastar nada, gracias a Dios, porque el cóctel nos costó una verdadera fortuna. Bueno, a nosotros no, lo pagó mi pobre padre...

Todo estaba riquísimo, especialmente la tarta. A propósito, ahora me acuerdo de que de repente, cuando íbamos a hacer la foto cortando la tarta, el fotógrafo se dio cuenta de que me faltaba uno de los pendientes. ¡Qué disgusto! Todos los invitados se pusieron a buscarlo y, ¡menos mal!, apareció al lado de los músicos. Ese fue el único momento malo del día.

Ah, un detalle que sorprendió a todos los invitados fue que, para el cóctel, encargamos unas servilletas personalizadas. Eran azules, de un tono más oscuro que los manteles de las mesas, y en ellas aparecían en letras plateadas nuestras iniciales y la fecha de la boda. ¡Ah! Y por supuesto no nos libramos del típico vídeo en que se nos veía a mí y a mi novio desde pequeños...

TAREA 3 CD I, pista 3, p. 18 (Acento argentino)

Noticia 1
Las dos adolescentes buscadas desde el jueves fueron halladas esta tarde en distintas circunstancias. Se trata de Carolina Christello, de 17 años, desaparecida el jueves en Palermo, y Yaona López, de 13, quien se ausentó de su hogar en el partido bonaerense de La Matanza en la misma jornada. Las dos desapariciones no estaban relacionadas.

Noticia 2
Marisol Miranday es una joven de 23 años que creó una página en facebook para encontrar a su padre biológico, Marciano González, de nacionalidad paraguaya, quien actualmente tendría entre 46 y 50 años y que presuntamente estaría viviendo en Tucumán. Marisol, que vive en Morón, ha declarado que necesita conocerlo para saber sobre su identidad y que por eso quiere encontrarlo.

Noticia 3
Un concurso de dibujo denominado *Navidad solidaria*, orientado a niños de hasta 11 años, fue lanzado por la empresa Jardín del Pilar para colaborar con Cáritas Buenos Aires. Los participantes deberán presentar sus trabajos hasta el 17 de diciembre y podrán obtener una *tablet* como primer premio, junto a la satisfacción de ayudar para que en esta Navidad no falte la comida en la mesa de muchas familias.

Noticia 4
Un hombre de 31 años que salía de celebrar su propia fiesta de casamiento e iba con su flamante esposa hacia su casa murió trágicamente, en el partido bonaerense de Escobar. La pareja iba en su auto, que fue impactado por un joven de 23 años que en un principio escapó del lugar, aunque más tarde se presentó ante las autoridades.

Noticia 5
Cientos de personas marcharon hoy en conmemoración del Día Internacional de la No Violencia hacia las Mujeres, por las calles del municipio de Morón, para concientizar sobre este tema. El cierre fue de la mano de las cantantes Liliana Vitale y Verónica Condomí que hicieron cantar con la música de su espectáculo *Humanas* en la plaza General San Martín.

Noticia 6

El informe del proyecto del estilo de vida estadounidense e Internet del Pew Research Center encontró que los padres están vigilando las actividades en línea de sus hijos, lo que provoca una reacción *mixta* en los jóvenes. Según el estudio, algunos jóvenes preferirían no aceptar las solicitudes de amistad de sus padres. Sin embargo, en otros casos los adolescentes tienen una actitud positiva acerca de ser amigos con sus padres en las redes sociales. El estudio estimó que el 80 % de los padres cuyos hijos adolescentes usan redes sociales son a su vez usuarios de las mismas.

Adaptado de http://noticias.terra.com.ar

TAREA 4 — CD I, pista 4, p. 19

Persona 0
Hombre: Pues yo soy periodista y nunca podré olvidar mi primera entrevista. Estaba muy nervioso porque era mi oportunidad de demostrar al director del periódico que era un buen profesional. Tenía que entrevistar a un actor que pasaba por nuestra ciudad. Preparé las preguntas, me documenté sobre él... Pero durante la entrevista, me di cuenta de que con quien estaba hablando era con Víctor Valverde y no Máximo Valverde como yo había pensado...

Persona 1
Mujer: Resulta que me llamaron para decirme que había muerto el padre de una amiga muy querida. Salí corriendo para llegar al funeral. Estaba muy lejos y hacía un calor insoportable. Cuando llegué, fui hacia mi amiga, la abracé y le dije: «¡Vengo muerta!». De repente, me di cuenta de lo que había dicho, pero lo mejor es que a las dos nos entró la risa nerviosa y estuvimos riendo diez minutos.

Persona 2
Hombre: Pues yo estaba de luna de miel en Lanzarote y una mañana, al salir de la habitación, veo a una persona boca abajo flotando en la piscina. Empecé a gritar pidiendo ayuda y me tiré vestido. Resulta que el hombre era buceador y estaba practicando. Todo el mundo se rio mucho y lo bueno es que la estancia en el hotel me salió gratis.

Persona 3
Mujer: Esto me pasó en Bangkok hace mucho, cuando la gente no viajaba tanto y no conocíamos las costumbres de otros pueblos. Fuimos a un templo budista. Había unos niños de granate y amarillo, preciosos. Sin pensarlo dos veces, los besé a todos en la cabecita. El guía me dijo que por mi culpa tendrían que estar dos meses rezando porque para los monjes budistas la cabeza es una parte prohibida.

Persona 4
Hombre: Pues estaba en un semáforo, esperando para cruzar y enfrente había un señor muy elegante, también esperando. Cuando se puso verde y los dos empezamos a andar, el hombre hizo un movimiento raro y yo corrí a él pensando que se iba a caer. Entonces él me dijo que es que tenía un problema en la pierna y andaba así. Algunas veces nos vemos por la calle y me saluda.

Persona 5
Mujer: Esto me pasó el otro día. Resulta que me encuentro con una compañera de trabajo en la cafetería y le noté algo raro en la boca. Le dije delante de todo el mundo: «Oye, ¿te pasa algo?, ¿te sientes mal?». Ella contestó: «No, no, no me pasa nada». Y yo insistía. «Pues creo que tiene que verte un médico, tienes los labios mal». ¡Y es que se había puesto *botox*! La pobre se puso roja.

Persona 6
Hombre: Pues resulta que el otro día habíamos estado algunos compañeros de la oficina el día anterior de fiesta hasta muy tarde y por la mañana, en el trabajo, les puse un mensaje de esos colectivos diciendo: «¡Me estoy

durmiendo!». Y no me di cuenta de que había incluido al jefe en las direcciones, hasta que una compañera me lo dijo. Corrí a su despacho para explicarle. Menos mal que no se enfadó.

Adaptado de *La ventana* (Cadena Ser)

TAREA 5 — CD I, pista 5, p. 19

Hombre: Hola, Rita, ¿qué tal?
Mujer: Pues ya ves, aquí esperando el autobús. ¿Y tú? ¿Qué haces por aquí? ¡Qué raro verte a estas horas!
Hombre: Sí, yo normalmente tengo trabajo de tarde, pero hoy tenía un asunto pendiente con un cliente. ¿Y tú? ¿Qué te cuentas? Hace mucho que no nos vemos. ¿Vas o vienes?
Mujer: Pues vengo de acompañar a mi hermana Paulina al abogado. No sé si sabes que se ha separado.
Hombre: ¡Qué dices! ¡Pero si eran la pareja ideal! Y además, tenían dos o tres niños, ¿no?
Mujer: Tres. No te puedes imaginar el disgusto que tenemos todos, mis padres especialmente.
Hombre: Me imagino... Bueno, y por lo demás, ¿qué tal tu marido y los niños?
Mujer: Muy bien todos, gracias. Bueno, ¿y tú? ¿Qué te cuentas?
Hombre: Pues bueno, lo más importante es que Nines está embarazada.
Mujer: ¡No me digas! ¡Qué alegría! ¿De cuántos meses está?
Hombre: Pues ya de cuatro, ya empieza a estar gordita... Estamos muy contentos. Desde que nos casamos ya empezamos a buscarlo.
Mujer: Pues qué alegría.
Hombre: Mira, ahí viene tu autobús.
Mujer: ¡Bah! No importa, espero al siguiente y así me quedo hablando un rato contigo. En realidad no empiezo hasta las 9, pero normalmente me gusta salir con mucho tiempo.
Hombre: ¡Puf! Yo en cambio siempre llego tarde a todo. Nines se pone nerviosísima cada vez que vamos a casa de alguien o tenemos cita en el médico. Pero es que no lo puedo evitar. No sé calcular el tiempo...
Mujer: Bueno, ese es un problema de muchos… mis hijos, por ejemplo, siempre tardan un montón… y al final llegamos tarde a todas partes. Bueno, aquí llega tu autobús. Me alegro mucho de haberte visto.
Hombre: Lo mismo digo. Hasta pronto.

EXAMEN 2

TAREA 1 — CD I, pista 6, p. 34

Mensaje 1
Mujer: Blanca, soy Lidia. Me ha dicho Alfonso que buscas alojamiento y me he enterado de que en mi bloque se alquila un apartamento y por un precio bastante económico. Tú ya conoces mi casa. Esta es casi igual, pero da a la calle principal, y ya sabes que hay bastante tráfico. Está en el último, pero hay ascensor.
Narrador: ¿Qué problema tiene la casa que se alquila?

Mensaje 2
Hombre: Llamo de Cocinas siglo XXI para informarle que del almacén me confirman que el modelo de muebles que encargaron no existe en color madera, solo en blanco. Tenemos otros modelos parecidos y del mismo precio en color madera, pero un poco más oscuros. Si quieren, pueden pasarse por nuestra tienda a partir del martes 25, porque el lunes es festivo.
Narrador: ¿Por qué llaman de la tienda?

Mensaje 3
Mujer: Luis, nada, no hay manera, no puedo quitar la mancha de chocolate de la alfombra. Como es de colores claros se nota muchísimo. Ya te dije que teníamos que quitarla antes de la fiesta... La única solución es la tintorería y en mi coche no cabe. ¿Puedes ocuparte de ello esta tarde? Si no, tendré que llamar a Juan.
Narrador: ¿Qué tiene que hacer Luis?

Mensaje 4
Hombre: Este es un mensaje para la señora Martínez. Llamo de Reparhogar. La nevera que trajo necesita una pieza bastante cara y, además, habría que traerla de Barcelona y llegaría dentro de una semana. Creo que no le merece la pena, ahora mismo hay en oferta unas semejantes en calidad, pero más modernas. Llámeme con lo que decida.
Narrador: ¿Qué le recomiendan a la señora Martínez?

Mensaje 5
Mujer: ¿Ana? Oye, me ha llamado mi madre para decirme que la próxima semana, los días 7 y 8 inauguran en Alpedrete, cerca de la plaza del ayuntamiento, una tienda de cosas para el hogar, ya sabes, manteles, sábanas, cuberterías, vajillas... Durante esos días todos los productos estarán a precios de fábrica, así que tenemos que aprovechar. Además, las cien primeras personas recibirán un regalo sorpresa.
Narrador: ¿Quién llama a Ana?

Mensaje 6
Hombre: Rodrigo, soy Ángel. Estamos preparando una fiesta para que conozcáis la nueva casa de la que te hablé. Queríamos hacerlo el mes pasado, pero no te creas que es tan fácil amueblar una casa y ponerla a punto... Van a venir Mariano y Cristina, Lucas y Alicia y los hermanos de Patricia. Contamos contigo, ¿eh? Ya te daré los detalles.
Narrador: ¿Para qué llama Ángel a Rodrigo?

TAREA 2 CD I, pista 7, p. 35 (Acento argentino)

Cuéntanos tu experiencia

Hola, soy Lucas y vengo de Argentina. Yo llevaba dos años de novio con mi actual mujer y decidimos mudarnos juntos. Teníamos en claro que no queríamos alquilar. Sé que tuvimos suerte porque en total demoramos cinco meses, cuando hay conocidos y amigos a los que les llevó bastante más. De todas maneras, no fue sencillo.

El afán de las inmobiliarias por vender nos ocasionó más de una visita inútil. Los avisos, en muchos casos, eran un fiasco. Te quieren vender sea lo que sea. Por más que por teléfono preguntáramos todo lo imaginable, nos llevábamos grandes sorpresas por no decir decepciones. Por ejemplo, pedíamos dos dormitorios, y nos encontrábamos con que ese segundo dormitorio era… ¡un patio techado o una cocina comedor!

Al comenzar la búsqueda, acordamos que nos mudaríamos a un barrio en el que los dos nos sintiéramos cómodos. Ella venía la de zona norte y yo de Villa Urquiza y decidimos circunscribirnos a Núñez, Saavedra y Vicente López. Como pensábamos, no fue fácil. La verdad es que mucho de lo que aparecía en oferta era simplemente un desastre. Los nuevos parecían hechos de cartón. O, si no, estaban esos departamentos viejos que se publican con la advertencia *reciclar*. Lo que en otras palabras quería decir para hacer de nuevo, porque estaban en un estado deplorable.

Hasta que un día encontramos un departamento que nos encantó: primer piso por escalera, supertranquilo, con un balcón que da hacia unos árboles.

La obtención del crédito fue un capítulo aparte. Habíamos convenido que lo sacaríamos con el plazo más largo posible y a tasa fija. Toda la tramitación nos llevó cuatro meses, un tiempo razonable, aunque para mí esos cuatro meses equivalieron a cuatro años. Terminamos tomando el crédito del Banco Nación, donde las condiciones eran buenas y, además, encontramos a una chica encargada de la operación que fue un gran apoyo. Ella fue muy organizada y nos ayudó muchísimo en todo el proceso.

Llevé puntualmente cada uno de los mil papelitos que el banco nos fue exigiendo. No era nada simple. Había que ir de un lado al otro y siempre con incertidumbre. ¿Aparecerá el certificado que piden? ¿Estará el papelito? ¿Lo aprobarán? Y mientras tanto, la presión del propietario: había que tranquilizarlo, convencerlo de que la cosa marchaba y de que tenía que ser un poco paciente.

La historia tiene final feliz porque finalmente llegó el día de la escritura. Hoy, cuando me acuerdo de esos meses, me pregunto cómo hicimos para soportar tanta tensión. Pero también me acuerdo del momento en que firmamos los papeles. ¡Qué emoción! La chica del banco me dijo que nunca había visto a alguien tan contento. Y bueno, hoy estamos acá, en nuestra casa, cada día más linda.

Adaptado de http://www.entremujeres.com

TAREA 3 — CD I, pista 8, p. 36

Noticia 1
Durante el Congreso Mundial de la Tecnología Móvil han presentado una aplicación que permite hacer algunas tareas cotidianas a distancia con los dispositivos móviles. El usuario, además, puede tener controlados a sus hijos y saber que, cuando no está en casa, ellos están bien. Esta aplicación aún no está en el mercado, pero probablemente en un futuro cercano estará a nuestra disposición.

Noticia 2
La compraventa de viviendas creció en agosto un 3 % sobre el mismo mes del año pasado. Se vendieron 27 708 casas, lo que supone el primer aumento tras diecisiete meses consecutivos de caídas. Según los datos publicados por el INE, en agosto se transmitieron 13 922 viviendas nuevas, es decir, el 6 % más que el mismo mes del año pasado, mientras que se vendieron 13 786 casas usadas, el mismo número que un año antes.

Noticia 3
Un estudio revela que la tipología de las viviendas construidas en Madrid está cambiando. Durante el pasado *boom* inmobiliario la subida de precios fue tal que muchos compradores tuvieron que optar por casas pequeñas, de uno o dos dormitorios. Actualmente, en cambio, los compradores quieren viviendas de tamaño medio-grande, con tres, cuatro y hasta cinco dormitorios.

Noticia 4
El Gremio de Promotores de Girona ha presentado un estudio de precios de mercado en el que se destaca que el coste de las viviendas en poblaciones del litoral de la Costa Brava ha experimentado un crecimiento a causa de la aparición de compradores franceses y rusos. Los rusos estarían más interesados por viviendas en el sur de la zona, mientras que los franceses han adquirido pisos como segunda residencia en el norte.

Noticia 5
El estudio Jóvenes y Emancipación demuestra que los españoles son los jóvenes europeos que más tardan en independizarse; lo hacen de media a los veintinueve años. La tasa de desempleo juvenil más alta de Europa y el elevado precio de la vivienda retrasan la decisión de marcharse de la casa familiar. Solo el 45,6 % de los jóvenes españoles entre 18 y 34 años están emancipados. De ellos, más de la mitad son mujeres.

Noticia 6
El número de españoles que solicitaron alquiler de apartamento durante el pasado mes de octubre se incrementó en un 27 %. Y es que, a pesar de la difícil situación económica en la que se encuentra nuestro país, los ciudadanos no renuncian a sus vacaciones, buscando las opciones más asequibles. En un *ranking* de ciudades más demandadas en el mes de octubre, destaca Tenerife.

Adaptado de varias fuentes

TAREA 4 — CD I, pista 9, p. 37

Persona 0
Hombre: Yo siempre he querido vivir en el campo, pero es absolutamente imposible por mi trabajo, además mi abuela me dejó un piso estupendo en pleno centro... Así que decidí traer la naturaleza a mi casa. Como tengo una terraza bastante amplia, la llené de plantas de todo tipo. Así que cuando me siento en mi sofá, creo que estoy en medio de un jardín.

Persona 1
Mujer: La verdad es que la casa que tengo ahora no me gusta nada y no pierdo la esperanza de encontrar algo mejor. Así que no me he preocupado mucho de la decoración. Todo muy funcional, muy práctico. Cuando encuentre la casa de mis sueños, ya me ocuparé de decorarla.

Persona 2
Hombre: Pues nosotros nos casamos hace... veinticinco años. Compramos lo que era la última moda en aquel momento: muebles negros. Muy pronto nos aburrimos de ellos pero, después de mirar mucho, vemos que es muy caro amueblar todo de nuevo… Mi consejo a quien quiera decorar su casa es que elija cosas clásicas.

Persona 3
Mujer: Yo soy decoradora profesional y al final me ocupo de las casas de todos menos de la mía. Cuando compré la casa en la que vivo ahora, venía con muebles y todo. Estaban en buen estado y no eran de mal gusto, y como al principio no andaba muy bien de dinero, pensé dejarlo para más adelante. Pero han pasado diez años y todavía no ha llegado el momento...

Persona 4
Hombre: Yo me acabo de mudar a mi casa actual y precisamente ahora estoy ocupándome de amueblarla. Voy a tomarme mi tiempo. No voy a comprar cualquier cosa, prefiero esperar hasta encontrar lo que me guste de verdad. Como la casa venía con la cocina amueblada y los dormitorios tienen armarios empotrados, solo he tenido que comprar una cama y una mesa de ordenador para estar cómodo.

Persona 5
Mujer: Pues yo tengo en mi salón una alfombra persa, que fue regalo de boda de mis padres y un sofá de una línea muy moderna de un color precioso. Las cortinas van a juego con el sofá. También hay un espejo antiguo que heredé de mi abuela. No es muy convencional, pero creo que el conjunto queda precioso.

Persona 6
Hombre: Yo la verdad es que de esas cosas no entiendo mucho y mi mujer, en cambio, tenía mucha ilusión en poner la casa a su gusto, así que ella se encargó de todo cuando compramos la casa. Me pedía opinión de vez en cuando, pero al final hacía lo que le parecía bien. Y yo, por mí, encantado.

TAREA 5 CD I, pista 10, p. 37

Hombre: ¡Mira! Aquel armario parece bonito.
Mujer: Ya, pero nosotros necesitamos uno de dos metros máximo de ancho.
Hombre: El ancho no es problema. Ahí dicen que pueden hacerlos a medida.
Mujer: Ya, pero entonces será más caro. Además, yo pensaba en algo un poco más clásico, en madera oscura... Es que si no, no va con los muebles del dormitorio. Además, mira los cajones. ¡Qué mal cierran!
Hombre: Sí, la verdad es que ahora hacen unos muebles de usar y tirar... ¡Ni comparación con los de antes! La verdad es que yo creo que podíamos quedarnos con el que tenemos.
Mujer: Ya te he dicho que no es posible. Es muy pequeño y no hay espacio para toda nuestra ropa. ¡Estoy harta de tener los jerséis en el mueble del salón!
Hombre: Pero si son mis jerséis, ¿a ti qué más te da?
Mujer: Pues que necesito esos cajones para los manteles y otras cosas.
Hombre: Pues yo insisto en que no estamos como para hacer gastos que no sean estrictamente necesarios. Hay otras cosas prioritarias: cambiar la nevera, poner el aire acondicionado en el salón...
Mujer: En eso tienes razón. La nevera nos va a dar un susto un día de estos.
Hombre: Entonces, vamos a la sección de electrodomésticos y dejamos el armario para otro día.
Mujer: Podemos hacer las dos cosas hoy. La semana próxima vamos a empezar con la auditoría en la empresa y no voy a tener tiempo para nada.
Hombre: Pero yo, en cambio, voy a estar bastante libre y puedo encargarme de mirar.
Mujer: Ya, pero prefiero ver las cosas por mí misma. ¡Mira! ¿Qué te parece ese de ahí? Parece el mismo estilo de madera que nuestra cama... Lo único es el espejo...
Hombre: Pues a mí me parece que daría más sensación de espacio en el dormitorio.
Mujer: No sé...

EXAMEN 3

TAREA 1 — CD I, pista 11, p. 52

Mensaje 1
Mujer: Aurora, soy Lorena. Ayer terminé los informes que me mandó y los dejé encima de su mesa. También llamé al banco para comprobar lo de la cuenta y está todo en orden. Hoy voy a llegar un poco tarde porque tengo cita con el médico y quería recordarle que a las diez vendrá el señor Jiménez, de Comersa. Hasta luego.
Narrador: ¿Quién es Aurora?

Mensaje 2
Hombre: Ricardo, soy Alonso. Oye, que como el otro día me preguntaste si había alguna posibilidad de trabajo para tu hermano en mi oficina, quería decirte que, efectivamente, están buscando un chófer. No es mucho, ya lo sé, pero tal y como anda la situación, es mejor que nada... Coméntaselo y que me llame.
Narrador: ¿Para qué llama Alonso?

Mensaje 3
Mujer: Este es un mensaje para la señora Laura Gutiérrez. Soy la secretaria del señor Márquez y llamo para decirle que no podrá recibirla el lunes porque ha tenido que salir inesperadamente de viaje y vuelve la próxima semana. Me pondré en contacto con usted más adelante para concertar una nueva cita. Muchas gracias y disculpe las molestias.
Narrador: ¿Qué tiene que hacer Laura Gutiérrez?

Mensaje 4
Hombre: Jorge, soy Jaime. Que no puedo ir a la facultad mañana y había quedado con el *profe* de Documentación para entregarle un trabajo. Ya sabes, como no hice el examen, me pidió un trabajo extra. ¿Puedes pasarte tú por el despacho y decirle que estoy enfermo y que el lunes sin falta se lo llevo? Te debo una. Chao.
Narrador: ¿Qué necesita Jaime?

Mensaje 5
Mujer: Margarita, soy Susana. Que soy un desastre y no recuerdo los horarios de matrícula. No puedo mirarlo en Internet porque tengo el ordenador estropeado. Por favor, llama en cuanto puedas porque el plazo de matrícula termina pasado mañana, viernes, y tengo médico, así es que mañana es mi última oportunidad. Llama a cualquier hora, aunque sea tarde. Muchas gracias.
Narrador: ¿Qué quiere Susana de Margarita?

Mensaje 6
Hombre: Mariano, soy Carlos. No te olvides de que mañana hay una reunión a las nueve en punto. Te lo quería decir hoy, pero se me pasó. Y no se te ocurra llegar tarde, porque es muy importante y el director se enfada muchísimo si alguien no es puntual.
Narrador: ¿Para qué llama Carlos a Mariano?

TAREA 2 — CD I, pista 12, p. 53

Mi primer día

¡Uf! Recuerdo con horror aquel primer día. La noche anterior no había podido dormir de los nervios. Además, ese día quería ser muy puntual, porque llegar tarde la primera vez es imperdonable, así que me levanté tempranísimo. Tampoco pude desayunar de lo nervioso que estaba. Solo me tomé un café. Me vestí rápidamente porque ya tenía muy pensado lo que me iba a poner: un traje oscuro, clásico, que me parecía muy apropiado para una oficina. Pero cuando llegué, vi que todo el mundo iba con ropa deportiva, así que me sentí como un tonto.

Al llegar, me recibió una chica que me pareció bastante antipática. ¡Qué gracia!, porque la verdad es que me ayudó muchísimo y ahora es una buena amiga. Me dijo que se llamaba Evelina y que se encargaría de orientarme. Me dio los manuales de procedimiento de la empresa y me dejó solo en una sala. Los manuales estaban en inglés y me resultaba muy difícil entenderlos, y como yo en la entrevista había dicho que mi inglés era perfecto, me puse nerviosísimo. Pero poco a poco me tranquilicé y vi que no era tan difícil comprenderlo, a fin de cuentas el vocabulario técnico es similar.

A las doce, como no había desayunado, me moría de hambre, pero no me atrevía a salir para tomar un café, para no dar una mala impresión. Afortunadamente Evelina me propuso bajar a tomar algo. Yo no sabía si aceptar o no, pero al final fui con ella y fue una buena idea. Me presentó a otros compañeros y tuve la oportunidad de informarme de muchas cosas interesantes sobre la empresa en un ambiente más relajado.

Recuerdo que quería entender todo de una sola vez, y eso es un error, porque muchas cosas se aprenden poco a poco. Por otro lado, me preocupaba tanto la imagen que quería dar desde el primer día, que me concentré en cosas sin importancia en vez de en las cosas realmente importantes. Así que al final el efecto fue el contrario y di una mala imagen. Por suerte, el jefe fue bastante comprensivo, y en los días siguientes pude controlar mis nervios y evitar nuevos fallos.

Una cosa que sí que hice bien y que os aconsejo a todos en la misma situación fue que, antes de ir, me había informado sobre la empresa, porque lo había leído en una página de Internet en la que daban consejos para tu primer día de trabajo. Como un primo mío había trabajado allí unos años antes me había dado datos muy interesantes y me ayudaron mucho.

Adaptado de http://emplea.universia.es

TAREA 3   CD I, pista 13, p. 54

Noticia 1
Tres escuelas de negocios españolas figuran este año entre las de más calidad del mercado europeo, según el *ranking* anual publicado hoy por el *Financial Times*. La clasificación no solo tiene en cuenta variables económicas, sino que considera factores como la calidad en la enseñanza, la diversidad del alumnado y el profesorado, su grado de satisfacción y las valoraciones de empresas que reclutan personal.

Noticia 2
La Universidad Complutense ha puesto en marcha un programa de voluntariado entre sus alumnos de Enfermería y Fisioterapia para ayudar a aquellos estudiantes con discapacidad que precisan de apoyo mientras están en las aulas. El llamamiento que ha hecho la universidad, tanto a estudiantes como a profesores, ha recibido una inmediata respuesta por parte de estos.

Noticia 3 (Acento argentino)
El pasado viernes concluyó la primera fase del concurso que ha puesto en marcha *The Economist* para designar al mejor docente del año, al que premiará con 100 000 dólares. Ahora solo queda que el jurado seleccione, entre los diez más votados, a los cuatro profesores que viajarán a Londres para competir por el premio tras impartir una clase que también será votada por los alumnos que la reciban.

Noticia 4
Los estudiantes europeos sueñan con ser periodistas o abogados, y dejan de lado las ciencias que, sin embargo, son cruciales para la economía. El número de estudiantes que opta por ellas al acceder a la universidad desciende en Europa. Empresarios y expertos en educación coinciden en la necesidad de cambiar esa tendencia. Al contrario que en otros terrenos, donde las diferencias entre el norte y el sur de Europa son enormes, la falta de motivación por las disciplinas científicas se extiende por todo el continente.

Noticia 5
Los ministros de Educación europeos decidieron ayer en Bruselas unificar el sistema de certificación de cursos y talleres al margen de los títulos académicos. Miles de europeos cuentan con experiencias formativas que no tienen reconocimiento oficial. El objetivo es mejorar las posibilidades de empleo de quienes puedan acreditar una formación.

Noticia 6 (Acento argentino)
Un idioma que hablan 400 millones de personas, el clima, el coste, la cultura y la fiesta convierten a España en el destino favorito de los universitarios europeos que solicitan la beca Erasmus. España recibe más de 37 000 cada año y, dentro de España, Granada es la ciudad más elegida. Dos mil universitarios de todo el continente llenan sus facultades, pero también las calles, los bares y el día a día de una ciudad que los atrae, entre otros motivos, por su mezcla y singularidad.

Adaptado de http://www.elpais.com

TAREA 4   CD I, pista 14, p. 55

Persona 0
Hombre: Yo estudié Biología, y me especialicé en Biología Marina. ¡Cómo disfruté de mi carrera! Me encantaba. Pero cuando terminé me fue imposible encontrar un trabajo relacionado con mis estudios y, como mi padre tenía una empresa de construcción, empecé a trabajar con él. Ahora los peces y el mar son solo una afición para mi tiempo libre.

Persona 1
Mujer: Después de terminar la carrera, yo me fui a Irlanda para mejorar mi inglés. Mis padres me pasaban dinero, pero la verdad es que no era suficiente, así que necesitaba un trabajo. Un día entré en una cafetería del centro y empecé a hablar con la dueña. Me dijo que tenía muchos clientes españoles y que necesitaba a alguien que hablara español. La oferta me interesó y así empecé a trabajar.

Persona 2
Hombre: Yo soy de Salamanca e hice mis estudios allí. Cuando terminé la carrera, me surgió una oportunidad de trabajo en Canarias. Me lo pensé mucho, pero al final no me decidí: el sueldo no era tan alto como para compensar la lejanía de mi familia. Lo pasé mal: dudaba si había hecho bien o no. Pero al final encontré algo en mi misma ciudad.

Persona 3
Mujer: Yo terminé mis estudios el año pasado y enseguida me puse a buscar trabajo, pero hasta ahora no he tenido suerte. De cualquier modo, no pierdo la esperanza y sigo mandando mi currículum y mirando todas las ofertas de empleo en Internet, en periódicos... pregunto a mis amigos y conocidos...

Persona 4 (Acento argentino)
Hombre: Yo he encontrado el trabajo ideal para mí: odio los horarios, los jefes, la rutina... Estudié Medicina, pero nunca me gustó la idea de ser médico, y como hablo alemán porque mi madre es alemana, traduzco textos médicos. Tengo una mesa de trabajo en el dormitorio y todo lo hago a través de Internet. Yo me organizo mi tiempo y no tengo que ver a nadie... ¡Estoy encantado!

Persona 5
Mujer: Mi primer trabajo fue a los quince años, cuidando los niños de una familia de diplomáticos extranjeros. Cuando tenían alguna fiesta, me llamaban. Eran dos niños muy traviesos y no me respetaban mucho, la verdad. Los dos primeros días fueron bien, pero el tercero, cuando volvieron a las 2 de la mañana encontraron que yo estaba dormida en el sofá y los niños viendo la televisión. No me volvieron a llamar.

Persona 6 (Acento argentino)
Hombre: Pues mi primer trabajo fue como dependiente en unos grandes almacenes muy conocidos. Me enteré por un amigo que necesitaban gente. Me venía muy bien el dinero, estaba cerca de mi casa y, como yo estudiaba en horario nocturno, no interfería en mis estudios. Así que acepté inmediatamente. Continué incluso después de terminar la carrera, hasta que encontré algo más interesante.

TAREA 5 CD I, pista 15, p. 55

Hombre: ¡Hola, Claudia! ¡Cuánto tiempo sin verte!
Mujer: Sí, es que estos días hemos estado muy ocupados. Ya sabes, a fin de año hay mil cosas que acabar, las cuentas, los balances... Así es que no he podido ni bajar a tomarme un café.
Hombre: Nosotros, en cambio, estamos teniendo un último trimestre bastante tranquilo en comparación con otros años. ¿Qué te pasa? Te veo preocupada.
Mujer: Pues nada. Que hoy he estado en el colegio hablando con los profesores de Álvaro. Las notas de esta evaluación han sido horribles. Alicia ha suspendido las Matemáticas, pero lo demás bien. Pero Álvaro, ¡cinco! Le han quedado cinco. Las más importantes. No sé qué vamos a hacer con él.
Hombre: ¿Has ido a hablar con los profesores?
Mujer: Sí.
Hombre: ¿Y qué te dicen?
Mujer: Pues que es muy listo, pero muy vago, que no pone atención en las clases, que se pasa el tiempo charlando con los compañeros...
Hombre: ¡Ay, los hijos! Del mío, no puedo quejarme en cuanto a notas, pero me preocupa mucho su carácter. ¡Es tan tímido! Apenas tiene amigos...
Mujer: ¿Habéis intentado hablar con él?
Hombre: Todo el tiempo, pero ¡es tan reservado! Nos preocupa mucho. Aurora y yo estamos pensando en buscar ayuda profesional.
Mujer: Hombre, a mí me parece que Luis es un niño un poco tímido pero, en parte, es cosa de la edad... A propósito, el próximo martes es el cumpleaños de Alicia y vamos a celebrarlo el fin de semana. Díselo a Luis.
Hombre: Gracias, se lo diré.
Mujer: ¡Uy! ¡Qué tarde! ¡Camarero! ¿Cuánto es dos cafés?
Hombre: No, deja, deja, pago yo.
Mujer: Pues, nada, nos vemos pronto. Saludos a Susana.

EXAMEN 4

TAREA 1 CD I, pista 16, p. 70

Mensaje 1
Mujer: Semana del Hogar en Market Place. Aproveche nuestras increíbles ofertas diarias. Hoy, descuentos de hasta el 25 % en toda la gama de lavadoras y secadoras Lucy. Mañana será el día de los frigoríficos y congeladores y el miércoles ofreceremos vitrocerámicas y microondas a precios sin competencia. ¿Y el jueves...? Consulte nuestra web y aproveche nuestra Semana del Hogar para renovar sus electrodomésticos.
Narrador: ¿Qué ofrece la Semana del Hogar de Market Place?

Mensaje 2
Hombre: Estimados clientes, son las 18:45 de la tarde. Les avisamos que hoy, 24 de diciembre, nuestro establecimiento cierra a las 19:00 horas. Les rogamos vayan pasando por caja y esperamos verles pasado mañana en nuestro horario habitual de 10 de la mañana a 10 de la noche. Aprovechamos para desearles unas muy felices fiestas.
Narrador: ¿Qué se comunica a los clientes en este aviso?

Mensaje 3
Mujer: Atención, señores clientes. Nos comunican que se ha perdido un niño. Tiene cinco años y lleva una camiseta azul y unos pantalones vaqueros. Responde al nombre de Diego. Si lo ven, les rogamos se dirijan a nuestros empleados del Departamento de Atención al Cliente, situado en la planta sótano, junto al supermercado. Gracias.
Narrador: ¿Qué debe hacer quien encuentre al niño perdido?

Mensaje 4
Hombre: ¿Todavía no tiene nuestra tarjeta Hipermás? Solicítela en nuestro Departamento de Atención al Cliente y acumule el 1 % de sus gastos en alimentación, droguería, perfumería... Utilice la tarjeta Hipermás cada vez que pase por caja, y reciba cada seis meses un cheque con el dinero que haya acumulado, que podrá utilizar en las tiendas y establecimientos que aparecen en nuestra página web.
Narrador: ¿Dónde se puede conseguir la tarjeta Hipermás?

Mensaje 5
Mujer: Mañana, en nuestro centro comercial Madrid 7, les invitamos a un bazar de artesanía organizado por la asociación Infancia Feliz con el fin de recoger fondos que se destinarán a la construcción de hospitales infantiles en varios países. El bazar estará abierto en la planta alta de 10:00 a 14:00 y será inaugurado por la ministra de Asuntos Sociales.
Narrador: ¿Cuál es el objetivo del bazar?

Mensaje 6
Mujer: Estimados clientes: les informamos de la reapertura de Blanco y Negro, tras las obras de renovación del local. Blanco y Negro, dedicado a las mujeres de 8 a 80, ofrecerá a partir de ahora, además de ropa, calzado y complementos. Hoy, para celebrar su reencuentro, Blanco y Negro dará a las primeras cien clientas del día un regalo sorpresa.
Narrador: ¿Qué celebra Blanco y Negro?

TAREA 2 CD I, pista 17, p. 71

Adicciones y compulsiones

Hola, mi nombre es David y mi mujer era adicta a las compras. Lo primero que tiene que hacer un adicto es saber que lo es y el problema de Lina, mi mujer, es que no quería reconocerlo. Compraba y compraba. No siempre eran cosas para ella, muchas veces eran para la casa, para los niños, incluso para mí. Nunca le faltaban motivos y explicaciones que sonaban muy razonables: había encontrado una oferta fantástica, había que renovar esto o aquello...

Tenemos una buena situación económica: los dos tenemos buenos trabajos, pero empecé a darme cuenta de que no ahorrábamos nada: gastábamos todo lo que ganábamos. Recuerdo que pensé: «Si esto sigue así, quizá llegue un momento en que tengamos problemas en llegar a fin de mes».

Un día, en el médico, mientras esperaba a ser atendido, empecé a leer un artículo de una revista de divulgación: hablaba del problema de las conductas compulsivas, concretamente de los adictos a las compras, y me hizo pensar. Explicaba que es un problema que afecta en mucha mayor medida a mujeres que a hombres y que el perfil típico del comprador compulsivo es una mujer, en torno a la treintena, de no importa qué clase social, que compra en exceso ropa, zapatos, joyas y productos de belleza. También decía que hay hombres con este problema, pero muchos menos, y lo que les gusta es comprar aparatos eléctricos y herramientas para el hogar.

Primero pensé que era una tontería, porque Lina no es muy aficionada a productos de belleza o joyas, pero luego decidí consultar con un vecino de mi hermano que es psicólogo. Le expliqué la situación y me dijo que, efectivamente, mi mujer tenía un problema, y que había que tratarlo antes de que fuera a peor. Me dijo que muchas veces la causa es la baja autoestima, la depresión, la insatisfacción personal... Cosas que, la verdad, yo nunca he visto en Lina y así se lo dije, pero él me dijo que también a veces es un hábito que se adquiere: comprar da placer y así empezamos a comprar más y más... En cualquier caso, me comentó que no podía llegar a ninguna conclusión sin hablar antes con Lina. Lo más difícil fue convencer a mi mujer de que tenía que ir a ver a un psicólogo. Decía que eran exageraciones mías y que el que necesitaba ayuda era yo que veía fantasmas donde no los había. Como no sabía bien qué hacer, pedí ayuda a su madre. Le expliqué el problema y fue ella la que convenció a mi mujer de la necesidad de ir al psicólogo. La verdad es que le está viniendo muy bien y casi podemos decir que el problema está resuelto.

TAREA 3   CD I, pista 18, p. 72 (Acento mexicano)

Noticia 1
Emprendedores, instituciones y expertos de la industria cultural están siendo convocados a Nodo, primer encuentro de Fomento a las Industrias Culturales y Creativas que se llevará a cabo en el Tecnológico de Monterrey de la Ciudad de México. El evento pretende crear industria cultural, desarrollar un plan de trabajo y ser un evento anual en beneficio de los emprendedores creativos, siguiendo una tendencia mundial.

Noticia 2
De acuerdo con cifras del Instituto Nacional de Estadística, hasta octubre de este año, el sector industrial aumentó en Jalisco un 3,6 % con relación al año anterior. En cuanto a la generación de empleos en el sector, hasta ese mes superaban los veintidós mil. Con este ritmo de creación de empleos se piensa que a finales de este año se llegará a veinticuatro mil personas empleadas en diversas industrias del Estado.

Noticia 3
El consejo de representantes de la Comisión Nacional de Salarios Mínimos acordó un aumento general de los salarios mínimos de las áreas geográficas mexicanas del 3,9 %. Este porcentaje es menor al establecido para el año que termina, que fue de 4,2 %. Con ello, el salario mínimo diario para la zona geográfica A, será 64,76 pesos diarios, para la zona B será de 61,38 pesos diarios.

Noticia 4
Se inició la feria de negocios ExpoPerú México, en la capital mexicana, con la participación de más de sesenta empresarios peruanos. Este evento busca fortalecer la relación comercial entre ambos países. Se prevén inversiones superiores a los diez millones de dólares. Entre los productos priorizados en el evento se encuentran la industria de la vestimenta, alimenticia, plásticos y maderas.

Noticia 5
La cadena de tiendas de autoservicio Walmart de México y Centroamérica inauguró en abril once tiendas tan solo en México, y en lo que va de mayo ha puesto en operación cinco tiendas más. En Centroamérica las ventas totales de la cadena aumentaron en un 4 %. La compañía indicó que a nivel regional, en la República Mexicana logró comercializar el mayor número de productos.

Noticia 6
El brote de gripe aviar detectado en el Estado de Jalisco, de donde procede el 55 % de la producción total mexicana, ha obligado a sacrificar a once millones de gallinas. La producción de huevo ha caído un 8 % según los datos de la Unión Nacional de Avicultores y el desabastecimiento ha provocado que los precios se disparen: el kilo de huevo, que antes se vendía a 20 pesos, ahora se paga a más de 30 y en muchas zonas del país roza los 40 pesos.

Adaptado de varias fuentes

TAREA 4   CD I, pista 19, p. 73

Persona 0
Hombre: Yo odio hacer la compra. ¡Me da una pereza! No tengo ninguna rutina establecida. Compro lo que necesito cuando lo necesito. A veces hago la compra en el camino a casa desde el trabajo, otras veces la hago cuando salgo a pasear. El problema es que en ocasiones me encuentro que me falta algo importante. Ayer, por ejemplo, no tenía pan y tuve que desayunar en un bar.

Persona 1
Mujer: Vivo cerca del barrio donde nací y donde mi familia ha vivido siempre. Conozco a los dueños de todas las tiendas desde hace años y prefiero ir a comprar allí mejor que a las grandes superficies. Total, de cualquier modo tengo que llevar el coche... Aunque reconozco que en los hipermercados suele haber ofertas interesantes, creo que tengo que ayudar a la gente más cercana y disfruto del trato humano.

Persona 2
Hombre: Mi problema es que no conduzco, así que tengo que resolver mis compras en los supermercados cerca de casa, a los que puedo llegar andando cómodamente. Hay varios en mi misma calle, así que no hay problema. Como no quiero cargar mucho, tengo que comprar casi todos los días.

Persona 3
Mujer: Vivo en una casa sin ascensor, en el quinto piso y la verdad es que me resulta muy difícil subir cargada con las bolsas de la compra. Además, somos una familia grande. ¡Estaba harta de cargar y cargar! Afortunadamente acaban de abrir en mi barrio un supermercado que tiene servicio a domicilio. Voy, elijo lo que quiero y, por unos euros más, me lo traen luego a casa. ¡Genial!

Persona 4
Hombre: Tanto mi mujer como yo trabajamos y tenemos unos horarios difíciles, así que hacemos la compra el primer domingo de cada mes en un hipermercado de las afueras. Llevamos una lista con todo lo que necesitamos y compramos en cantidad. Tenemos un gran congelador que está muy bien organizado: la carne en el primer cajón, el pescado en el segundo, platos precocinados en el tercero... ¡Congelamos hasta el pan!

Persona 5
Mujer: He tenido gemelos recientemente y no tengo tiempo para nada. Mi marido viaja mucho por trabajo y, además, vivo en una urbanización en las afueras donde no hay ninguna tienda. Para cualquier cosa, hay que ir en coche al pueblo más cercano. Afortunadamente, mi hermana me hace la compra todas las semanas. ¡No sé qué haría si no fuera por ella!

Persona 6
Hombre: En casa hemos repartido las tareas domésticas. Yo cocino, mi mujer hace los baños, mi hijo pasa la aspiradora y mi hija se encarga del polvo. En la compra, hemos hecho lo mismo. Yo compro la carne y el pescado. Mi mujer se encarga de la verdura porque hay una verdulería biológica muy buena junto a su oficina y mis hijos compran el pan cuando vuelven del colegio.

TAREA 5 CD I, pista 20, p. 73

Mujer: ¿Miguel? ¡No sabía que trabajabas aquí!
Hombre: ¡Hombre, Carmen! Pues sí, trabajo en este banco desde hace años. Bueno, antes trabajaba en otra sucursal, pero me han trasladado a esta y me viene muy bien. Estoy a dos paradas de metro de mi casa.
Mujer: ¡Qué suerte! Yo tengo que ir en coche a mi trabajo. No sé si sabes que trabajo en Velilla, cerca de Arganda. Una vez intenté ir en autobús y tren, y tardé hora y media en llegar.
Hombre: Es que esa zona debe estar fatal comunicada, ¿no? Pero no sabía que trabajabas. ¿Desde cuándo es eso?
Mujer: ¡Ah! ¿No lo sabías? Pues sí, desde hace ya unos meses. No ha sido fácil, pero por fin lo he conseguido. ¡Está difícil el mundo laboral para la gente de mi edad!
Hombre: Pues me alegro mucho por ti. Bueno, dime, ¿en qué puedo ayudarte?
Mujer: ¡Ah, sí! Pues resulta que Marina, mi hija mayor, se va a estudiar este curso a Francia y quiero saber si hay algún tipo de sistema para poder mandarle dinero sin muchos cargos.
Hombre: Pero ¿cuántos años tiene ya Marina?
Mujer: Veinte, y Bernardo empieza el próximo año la universidad.
Hombre: ¡Dios mío! ¡Cómo pasa el tiempo! Los míos todavía son pequeños. Mateo acaba de entrar en el colegio este año y le encanta. Hoy se ha levantado con fiebre y se ha quedado en casa. Pero estaba llorando porque quería ir. Bueno, volviendo a lo que me preguntabas, creo que te conviene una tarjeta «dinero de bolsillo». La llenas cada mes con el dinero que te parezca y no tiene gastos asociados. Es una tarjeta muy práctica. Yo mismo la tengo para las compras diarias. Así llevo control de lo que gasto.
Mujer: A mí es que no me gusta usar tarjeta. Siempre pago con dinero.
Hombre: ¿Incluso compras grandes?
Mujer: Pues sí, ayer compré una lavadora y la pagué en metálico.

EXAMEN 5

TAREA 1 — CD II, pista 1, p. 88

Mensaje 1
Mujer: Marcos, soy Virginia. Cuando salgas a comprar el periódico, pásate por la farmacia. Se me están acabando las aspirinas y todavía tengo que tomar una dosis más. Creo que hoy está de guardia la farmacia de la plaza. Si no, puedes probar con la del centro comercial, la que está al lado de la frutería.
Narrador: ¿Qué le pide Virginia a Marcos?

Mensaje 2
Hombre: Arturo, soy Manolo. Tengo una buena noticia que darte. Mira, han abierto un gimnasio en el barrio. No es tan grande como al que vamos ahora, ni tiene tantas máquinas. De precio son muy similares, pero es que son cinco minutos a pie. Yo, por mi parte, no tengo la menor duda: el próximo mes, me cambio. Bueno, hablamos.
Narrador: ¿Por qué es mejor el nuevo gimnasio?

Mensaje 3
Mujer: Pepa, soy Toñi, oye creo que no voy a poder ir al cine como habíamos quedado. Mi madre ha pasado una noche horrible a causa del insomnio y he quedado en ir con ella al médico. Mi hermano Alfonso tiene mucho trabajo y no puede ir él. ¿Quedamos la semana que viene?
Narrador: ¿Adónde va a ir Toñi?

Mensaje 4
Hombre: Hola, David, soy Juan, tu compañero. Oye, ¿cómo se llama esa crema que me recomendaste la semana pasada para los dolores musculares, la que tú usabas para el dolor en la rodilla? Es que el jueves me hice daño en un hombro jugando al tenis y quería probarla a ver qué tal me va. Bueno, llámame cuando puedas o envíame un SMS.
Narrador: ¿Para qué llama Juan a David?

Mensaje 5
Mujer: Este es un mensaje para la señora Muñoz. Soy la asistente del doctor Inchausti y la llamo para recordarle que esta tarde tiene cita con nosotros en la consulta de la calle Goya a las siete y media. Si no puede venir por cualquier motivo, le ruego se ponga en contacto con nosotros para anular la cita. Un saludo.
Narrador: ¿Qué quiere la asistente del doctor Inchausti?

Mensaje 6
Hombre: Alicia, soy Rodrigo. No me encuentro bien y mañana no voy a ir a la oficina. Voy a quedarme hoy en casa porque el lunes no puedo faltar a la reunión con el representante de ANTOSA. Creo que es una gripe, pero si me quedo tres días en la cama, espero estar en condiciones el lunes. Avisa al señor Pérez, por favor.
Narrador: ¿Qué día llama Rodrigo?

TAREA 2 — CD II, pista 2, p. 89

Un cambio de vida

Desde pequeña nunca me he interesado mucho por la comida. Comía porque había que comer. Recuerdo siempre a mis padres diciéndome: «Termina el plato», «No sales hasta que termines la comida», o algo así. En casa teníamos hábitos de alimentación bastante buenos. Comíamos verdura, carne, pescado, pollo, huevos... De todo, pero con moderación. Mis hermanos comían bien, pero yo comía porque mi madre insistía.

A los dieciocho años me fui a Madrid, porque en mi ciudad no había la carrera que yo quería. Allí compartía piso con unas compañeras. Era la primera vez que me separaba de mi familia y quizá era demasiado joven. Me resultó muy difícil responsabilizarme de mi vida en todos los aspectos. Empecé a comer de un modo bastante desordenado. Muchas veces salía de casa sin desayunar porque no tenía tiempo y luego me tomaba un café en la cafetería de la facultad y con eso resistía hasta las cuatro o las cinco que volvía a casa. Y luego, me quitaba el hambre con cualquier cosa y me ponía a estudiar. No hacía ninguna comida completa. Como me gusta la fruta, comía una manzana o un plátano, pero la carne ni la probaba (nunca me ha gustado mucho), y eso que una de mis compañeras tenía un tío carnicero y le regalaba carne estupenda, pero yo nunca la comía.

Cuando llegó junio, en la época de exámenes, empecé a sentir cansancio por cualquier esfuerzo y me mareaba cuando me ponía de pie, también me dolía la cabeza... pero pensaba que era normal, que estaba cansada por las horas que me pasaba estudiando.

Cuando volví a mi casa durante las vacaciones de verano, todos me decían que estaba muy blanca, pero pensé que era normal, después de todo el curso encerrada estudiando... Pero un día quedé con unas amigas para ir a la piscina, y cuando nos tiramos al agua, yo, que siempre fui la mejor nadadora del grupo, me di cuenta de que ya no podía mantener su ritmo, me ahogaba, me faltaba la respiración.

Al final mis padres se preocuparon y me llevaron al médico. Me hicieron análisis y resulta que tenía una anemia muy fuerte. Me mandó hierro, vitaminas..., pero me dijo que lo más importante era una buena alimentación y me dio una dieta que debía seguir. El efecto fue muy gradual y poco a poco empecé a sentirme mejor. Incluso se notaba en mi cara: tenía buen color y ya no tenía esa cara de cansada. Ahora intento comer de todo, aunque no me guste: como carne dos veces a la semana, de vez en cuando tomo algo de hígado y la verdad es que me siento mucho mejor.

Adaptado de http://www.comoestuhistoria.com

TAREA 3 CD II, pista 3, p. 90 (Acento mexicano)

Noticia 1
El pasado 18 de octubre se decidió, en la capital de España, que el próximo Congreso internacional de promoción al consumo de frutas y hortalizas se celebraría en Colombia. La Corporación Colombia Internacional llevó a Colombia esta campaña hace tres años, motivada por el bajo consumo existente en el país, de tan solo 190 gramos al día, siendo la recomendación un mínimo de 400 gramos al día por habitante.

Noticia 2
De las cuarenta instituciones que aparecen este año en el *ranking* de hospitales y clínicas de la revista *América Economía*, dieciséis son colombianas. Es la cuarta vez que se publica este listado. La clasificación está encabezada por el hospital israelita Albert Einstein, de São Paulo, seguido por dos clínicas chilenas. En el cuarto lugar se ubica la mejor institución colombiana del *ranking*: la Fundación Santa Fe, de Bogotá.

Noticia 3
Colombia es el sexto país latinoamericano al que más muertes se le atribuyen por inactividad física. Según la Organización Mundial de la Salud, actualmente este es el cuarto factor de riesgo de mortalidad en el mundo. Previendo que esta problemática seguirá en aumento, un grupo de treinta y dos investigadores de todos los continentes, incluidos dos colombianos, se reunieron para analizar su real alcance y proponer soluciones.

Noticia 4
Colombia se consolida como destino para tratamientos por causas médicas. El ministro de Comercio, Industria y Turismo afirmó que quienes llegan de otros países a Colombia, interesados en turismo de salud, van especialmente a hacer uso de servicios profesionales curativos, preventivos o estéticos, motivados por la seguridad, calidad y servicio. Los principales pacientes-turistas que llegan a Colombia provienen de Estados Unidos, Panamá, México y España.

Noticia 5
En Colombia se ha detectado que 36 personas padecen HPN, una enfermedad rara, que es mortal. Se trata de la hemoglobinuria paroxística nocturna (HPN), una enfermedad hematológica extraña y difícil de diagnosticar en cuanto a sus síntomas, ya que son similares a los de otras patologías y afecta aproximadamente a uno de cada millón de personas en el mundo. La enfermedad silenciosa aún no tiene un medicamento que pueda ser adquirido en Colombia.

Noticia 6
La Secretaría de Salud de Medellín ha dado a conocer que hay escasez de vacunas contra la fiebre amarilla y ha alertado a la comunidad para que solo soliciten este servicio cuando vayan a viajar fuera del país o a ciertas zonas del territorio nacional que presenten alto riesgo de esta enfermedad. La institución aclaró que la escasez que hay en este momento es a nivel mundial.

Adaptado de http://www.diariosalud.net

TAREA 4 CD II, pista 4, p. 91

Persona 0
Hombre: Pues la verdad es que yo no me puedo quejar. Estoy estupendamente para la edad que tengo. De hecho, todo el mundo piensa que soy más joven de lo que soy en realidad. Llevo una vida sana, me cuido, pero sin exageraciones. Como de todo, pero con moderación y a veces me doy algunos caprichos. ¡Me encantan los dulces! Pero intento no pasarme. En cuanto a hacer ejercicio, ando y no tomo nunca el ascensor...

Persona 1
Mujer: Yo es que soy muy perezosa. Hago un poco de gimnasia en casa, pero sé que no es suficiente. He estado viendo varios gimnasios cerca de la zona donde vivo y algunos están bastante bien y ofrecen una gran cantidad de actividades, pero me da pereza ir sola. Estoy intentando convencer a alguna de mis amigas para que se inscriba conmigo. Quizá así me anime.

Persona 2
Hombre: Mi gran problema es el ordenador. Soy traductor y paso hasta diez horas al día sentado delante de la pantalla. Y últimamente estoy notando que me afecta más y más. Me he comprado una silla ergonómica, intento parar cada cierto tiempo y hacer los ejercicios de brazos y espalda que tengo en una tabla, pero cada vez me duele más, especialmente el brazo derecho.

Persona 3
Mujer: Yo es que no tengo tiempo para nada: tengo tres niños pequeños y trabajo fuera de casa. O sea que no es que esté inactiva. Todo lo contrario, padezco de estrés. El médico me ha dicho que necesitaría hacer algún tipo de ejercicio, no solo para mejorar mi salud física, sino también la mental. Me ayudaría a relajarme. Pero ¿de dónde saco el tiempo?

Persona 4
Hombre: Yo me acabo de jubilar. Tenía un trabajo muy estresante que requería mucha dedicación, así que siempre soñé con este momento. Pensaba que tendría mucho tiempo para dedicarme a mi afición favorita: el golf. Cuando trabajaba, apenas podía practicarlo. Pero la verdad es que ahora no estoy haciendo nada y me siento viejo. ¡Me duele todo! Mi mujer dice que me estoy ajustando a mi nueva vida.

Persona 5
Mujer: Yo nunca he podido hacer ejercicios violentos porque tuve una hepatitis muy fuerte cuando era niña y me afectó al hígado. Recuerdo que en la clase de gimnasia me tenía que quedar sentada viendo cómo jugaban mis compañeras. Ahora intento mantenerme activa. Hago pilates, ando mucho y por supuesto, tengo una alimentación muy sana. Hay ciertos alimentos que tengo completamente prohibidos.

Persona 6
Hombre: En mi familia hay problemas de circulación, de corazón, de colesterol alto... Así que tengo muy claro que tengo que cuidarme y ya llevo más de diez años yendo al gimnasio todos los martes y los jueves. Intento no dejar pasar ni un día, aunque esté muy cansado, aunque haga mal tiempo... Y la verdad es que me sienta muy bien.

TAREA 5 CD II, pista 5, p. 91

Hombre: ¡Loli! ¡Cuántas bolsas! Deja que te ayude.

Mujer: Muchas gracias, es que aunque llevo el coche, voy al supermercado una vez a la semana y, claro, son muchísimas cosas que luego hay que subir a casa.
Hombre: ¿Y por qué no pides que te la lleven a casa? Nosotros hacemos eso. Es muy cómodo.
Mujer: Yo es que prefiero elegir mi propia fruta y verdura. En casa comemos mucha. Nos encanta.
Hombre: ¿Los niños también? Porque a los míos no hay forma de convencerles de que coman algo verde. Si por ellos fuera, solo comerían hamburguesas y patatas fritas.
Mujer: La mayoría de los niños son así. ¿Y Marisa? Hace mucho que no la veo.
Hombre: Es que lleva dos semanas con su madre. La han operado de apendicitis hace poco. La mujer se sentía fatal y los médicos no sabían qué le pasaba. No le daban importancia y al final...
Mujer: A mí me pasó lo mismo cuando era pequeña. Tenía un dolor terrible en la tripa y el médico decía que era todo psicológico. Hasta que un día me tuvieron que operar de urgencias. ¡Era una peritonitis! Casi no lo cuento.
Hombre: ¡Qué horror! Bueno, cambiando de tema, ¿conoces ya a los vecinos nuevos?
Mujer: ¿A los del quinto C? Me los encontré el otro día en el ascensor, parecen gente agradable.
Hombre: Sí, agradables son, pero ponen la televisión muy alta y hasta muy tarde, y como yo vivo en la puerta de al lado, la verdad es que me molestan mucho. Sabes que me tengo que levantar antes de las 6, así que siempre me acuesto temprano.
Mujer: Pues sí que es un problema. Yo también los oigo, pero como nunca me voy a la cama antes de las doce y media o una... ¿Por qué no hablas con ellos? Es la mejor forma de resolverlo.
Hombre: Eso pienso hacer la próxima vez que me los encuentre. Hablando se entiende la gente.

EXAMEN 6

TAREA 1 CD II, pista 6, p. 106

Anuncio 1
Mujer: El club de senderismo *Un paso tras otro* va a realizar próximamente una excursión por la cuenca alta del Manzanares que incluye una visita al Centro Medioambiental. Para inscribirse, hay que presentarse en las oficinas del club, de 9:30 a 12:30. Para más información, visiten la página web.
Narrador: ¿Cómo se hace la inscripción?

Anuncio 2
Hombre: Marco Polo, cadena líder en maletas y accesorios de viaje, ahora también vende por Internet. Visite nuestra página, www.marcopolo.com, y vea nuestro catálogo donde encontrará, además de todos los productos disponibles en nuestras tiendas, interesantes descuentos en modelos de temporadas pasadas. Además, como oferta especial, esta primera semana, gastos de envío gratis para compras superiores a 50 euros.
Narrador: ¿Qué se puede encontrar en la tienda *on-line*?

Anuncio 3
Mujer: Ecomoda Solidaria está realizando recogidas de ropa usada por toda la ciudad. Eso que usted ya no se pone porque le está pequeño o pasado de moda puede ser muy útil para otros. Todas las prendas, tras ser seleccionadas y lavadas, se ponen a la venta en las tiendas de la asociación, con lo que se genera trabajo para personas con dificultades.
Narrador: ¿A qué se dedica Ecomoda Solidaria?

Anuncio 4
Hombre: Ya está a la venta la nueva edición de *Rutas de Pueblos con Encanto*, en la que se incluyen todos los pueblos declarados conjunto histórico-artístico en España. La guía, como en ediciones anteriores, está organizada por provincias y tiene al final un completo índice de monumentos ordenados alfabéticamente. Como novedad, esta edición cuenta con magníficas fotos a todo color.
Narrador: ¿Qué ventaja tiene esta edición respecto a la anterior?

Anuncio 5
Mujer: Tras dos años de su anuncio, nace Iberia Express, la compañía de bajo coste de Iberia. Por el momento se orienta a destinos domésticos y europeos. Habrá cuatro tipos de tarifa: *expres*, muy asequible y que no incluirá maleta, tarifa *estándar* que incluirá una maleta, tarifa *flexible* que permitirá cambios y la *business* con todos los servicios de la clase.
Narrador: ¿Qué dice esta noticia de Iberia Express?

Anuncio 6
Hombre: Ante la situación de alerta declarada por la Agencia Estatal de Meteorología, que avisa de fuertes vientos para el próximo sábado, el Cabildo de Tenerife ha dado una serie de recomendaciones preventivas a los ciudadanos que incluyen evitar desplazamientos innecesarios, asegurar puertas y ventanas, retirar todo lo que pueda ser arrastrado por el viento y alejarse de muros, árboles o vallas.
Narrador: ¿Qué ha hecho el Cabildo de Tenerife?

TAREA 2 CD II, pista 7, p. 107

Otras formas de viajar

Me llamo Leo y quería hablar de mis experiencias en intercambio de casas. Mi mujer al principio se resistía, pero yo estaba convencido. A mi primo, que lleva haciéndolo años, siempre le ha ido bien y nos animaba a hacerlo a nosotros también. Así que al final nos decidimos. Elegimos usar la misma página web de intercambios que mi primo.

Todo fue muy sencillo: hacer buenas fotos de la casa y escribir una descripción detallada de la zona. También pusimos algunas condiciones: por ejemplo, que no queríamos fumadores ni animales. Eso depende de cada uno, claro. Hay quien pide que le cuiden el gato o le rieguen las plantas. A partir de ahí, empiezan a llegar ofertas de gente que está interesada en tu casa. Tú, por tu parte, miras a ver si la suya te interesa y en caso afirmativo, se decide llevar a cabo el intercambio.

Una de las grandes ventajas de este tipo de alojamiento es que salir de vacaciones te cuesta prácticamente lo mismo que quedarte en casa. El único coste es el del viaje, porque luego, en el país, tus gastos son más o menos como los que tienes normalmente. Pero para mí el ahorro no es lo más importante sino la comodidad de estar como en casa cuando viajo. Además, aunque algunos prefieren estar en un hotel y que te lo hagan todo, no conoces a gente del país ni ves cómo viven los nativos.

La primera vez que hicimos un intercambio de este tipo, me daba miedo dejar todas mis cosas en manos de un desconocido. Algunas webs de intercambio de casas ofrecen un seguro, pero en general es una cuestión de confianza, como cuando dejas la casa a un amigo. Y para mí lo más importante es, antes de llevar a cabo el intercambio, el contacto con los futuros inquilinos de tu casa. Normalmente, hay un intercambio de correos electrónicos e incluso llamadas antes del viaje y así se empieza a conocer a la familia que va a ocupar tu casa. Antes de viajar, hay que dejar claro todo tipo de detalles. Si hay que dejar armarios libres, números de teléfono de urgencias, o cómo se va a hacer el intercambio de llaves. En ese sentido, una buena idea es que alguien de confianza quede encargado de recibir a los que vienen. A mí una vez, en Oslo, me las dejaron en una tienda cercana.

Otra posibilidad, que en mi opinión es muy conveniente, es incluir el intercambio del coche, porque facilita mucho las cosas a la hora de moverte por el país, pero claro también tiene sus riesgos. A mí, personalmente, es lo que me resultó más difícil. ¿Y si sucede algún accidente? Pero la verdad es que, hasta ahora, nunca he tenido problemas.

Adaptado de http://blogs.elpais.com

TAREA 3 CD II, pista 8, p. 108 (Acento argentino)

Noticia 1
El pasado martes tuvo lugar una conferencia de prensa en la ciudad de Neuquén para promocionar el turismo. El ministro de Desarrollo Territorial, Leandro Bertoya, señaló que hay una agenda muy intensa para el verano

que va a dar la oportunidad a los viajeros de disfrutar de nuestras tradiciones y bellezas naturales, así como de los servicios y la cálida atención de los vecinos de esa región.

Noticia 2
Los seguidores del sitio Tripin Travel votaron recientemente a Villa La Angostura como el destino turístico más lindo de la República Argentina. La votación fue abierta y democrática y contó con la participación de miles de internautas de todas partes del mundo. Por otra parte, el diario *La Nación* destacó la recuperación de la localidad como uno de los ocho eventos turísticos más importantes del año.

Noticia 3
El Gobierno Provincial destinó cuatrocientas cuarenta hectáreas de tierras para la instalación de un parque eólico que realizará la empresa de Energía Argentina Sociedad Anónima en la localidad de Neuquén. Hace aproximadamente un año, la empresa colocó una torre de ochenta metros para medir los vientos, con el objetivo de obtener los datos sobre los lugares apropiados para la instalación de generadores eólicos.

Noticia 4
Comienzan las obras en el aeropuerto Presidente Perón. Desde este momento, el aeropuerto de Chapelco funcionará como alternativo. Habrá un servicio gratuito de transporte terrestre para trasladar a pasajeros. Para acceder a este beneficio las personas que lo requieran deberán enviar un correo electrónico solicitando la reserva del pasaje con una anticipación no menor a las setenta y dos horas de la fecha del viaje.

Noticia 5
El viernes fue presentado el proyecto de ampliación del balneario Río Grande de Neuquén capital por el ministro de Economía y Obras Públicas. Se prevé ampliar el área del balneario hasta un 60 %, lo que permitirá la creación de espacios verdes y una nueva iluminación. El ministro manifestó su satisfacción de poder acompañar esta iniciativa como otras realizadas en distintas ciudades de nuestra provincia.

Noticia 6
El gobernador Jorge Sapag participó ayer en un acto en Chorriaca, donde se está trabajando en la instalación de un sistema híbrido eólico-diésel, que abastecerá la demanda de energía eléctrica de toda la localidad. La obra está siendo realizada por la Global Sustainable Electricity Partnership, al igual que el proyecto que visitó el miércoles el mandatario provincial en Cochico. Durante su discurso, el gobernador destacó que los trabajos que se realizan permitirán en pocos meses tener construida esta central.

Adaptado de http://w2.neuquen.gov.ar

TAREA 4 CD II, pista 9, p. 109

Persona 0
Hombre: Mi último viaje fue por trabajo. Soy directivo en una multinacional y hubo un encuentro entre representantes de oficinas de diversas partes del mundo para discutir estrategias. Fue en Kuala Lumpur, pero nos alojamos en un hotel de cinco estrellas al lado del aeropuerto y, como el programa era tan apretado, no tuvimos ocasión de ver nada. ¡Qué mala pata!, porque me han dicho que es un lugar que merece la pena visitar.

Persona 1
Mujer: La verdad es que, por unas razones u otras, hace un montón de tiempo que no viajo. Si no es por mi trabajo, es por el de mi pareja. Y es que nuestras vacaciones no coinciden. ¡Puf! Ahora que lo pienso, creo que mi último viaje fue hace cuatro, no, cinco años. Fuimos a Italia a visitar a unos amigos. Fue un viaje precioso y recorrimos gran parte del país.

Persona 2
Hombre: Nosotros hemos vuelto hace nada de un viaje a Perú. Ha sido fantástico. Era un viaje organizado y todo ha ido fenomenal. Hemos ido a sitios a los que hubiera sido difícil llegar por nuestra cuenta. Lo que más he disfrutado ha sido los paisajes del Camino del Inca. ¡Qué belleza!

Persona 3
Mujer: ¿Mi último viaje? Pues ha sido nuestro viaje de novios. Nos casamos en abril, pero por cuestiones del trabajo de mi marido tuvimos que dejar el viaje para julio. Además, como fuimos a la Costa Azul era mejor ir en verano. Ha sido todo maravilloso, nos ha encantado a los dos. El único problema ha sido que ninguno de los dos hablamos francés...

Persona 4
Hombre: Si he de ser sincero, preferiría olvidar mi último viaje. Todo fue mal. Íbamos de vacaciones a la playa y, para empezar, se nos estropeó el coche a mitad de camino. Así que perdimos un par de días hasta que nos lo arreglaron. Luego, uno de nuestros amigos comió algo que le sentó mal y tuvimos que llevarlo a urgencias en mitad de la noche. Total, un desastre.

Persona 5
Mujer: Pues en las últimas vacaciones, mi marido y mis hijos decidieron ir de *camping*. Yo no quería en absoluto. Me parecía que iba a ser muy incómodo, pero como yo era la única que no estaba de acuerdo, al final tuve que aceptar. Iba con muy pocas ganas, pero al final salió fenomenal. Las instalaciones eran estupendas y el lugar, precioso de verdad. Tengo que admitir que fue una buena idea.

Persona 6
Hombre: Yo soy de un pueblecito de Ávila y, como cada año, este verano también fuimos allí, a una casita que tienen mis abuelos. La verdad es que nos sale muy económico y los niños lo pasan fenomenal. Tienen sus amigos, están todo el día al aire libre, hay un río al lado donde suelen nadar. Es una vida sanísima y volvemos a la ciudad descansados y llenos de energía.

TAREA 5 CD II, pista 10, p. 109

Hombre: Pero... Elvira, ¿qué llevas en esa bolsa tan grande?
Mujer: Plásticos y envases, es que el contenedor de reciclaje está muy lejos. Menos mal que no pesan.
Hombre: Deberían poner más. Tantas campañas de concienciación y ahora que todos estamos convencidos de la importancia de reciclar, deberían facilitarnos las cosas.
Mujer: Desde luego. ¿Y tú? ¿Adónde vas a esta hora? ¿Hoy no trabajas?
Hombre: No, no, claro que trabajo, pero estoy aprovechando la hora del café para ir a la agencia de viajes a recoger unos billetes.
Mujer: ¿Todavía vas a las agencias de viaje? ¿No prefieres hacerlo por Internet? Yo ahora siempre lo hago así, es mucho más práctico.
Hombre: Sí, todos me lo dicen, pero no me gusta dar los detalles de mi cuenta por Internet. Me da miedo porque creo que me pueden engañar.
Mujer: ¡Hombre! Ahora hay muchísima seguridad. Y hay páginas que son de toda confianza. Yo hago muchas compras a través de Internet con toda tranquilidad.
Hombre: Sí, supongo que tienes razón...
Mujer: ¿Y dónde vas a viajar?
Hombre: Vamos a México, concretamente a Cancún.
Mujer: ¡Qué bien! Yo estuve allí hace un par de años con unas amigas.
Hombre: Pues yo he estado varias veces en México, pero nunca en Cancún.
Mujer: Te va a encantar. Las playas son preciosas.
Hombre: ¡Qué bonito! A propósito, eso me recuerda que necesito un bañador... y una bolsa de aseo... y unas gafas de sol... ¡Puf! ¡Me va a faltar tiempo!
Mujer: Te recomiendo que vayas a Olimpo. Están ahora de rebajas y tienen todo eso y más. El otro día estuve y me compré unas camisetas preciosas y baratísimas.
Hombre: Gracias por el consejo.
Mujer: Bueno, te dejo, que esta noche vienen unos amigos a casa y todavía tengo que ir al supermercado y cocinar...

EXAMEN 7

TAREA 1 CD II, pista 11, p. 124

Anuncio 1
El aeropuerto de Ibiza ofrece ocho puntos de conexión a Internet de pago instalados en diferentes zonas estratégicas del aeropuerto. Los equipos informáticos están repartidos en zona de facturación (planta 0) y zona de salidas (planta 1). Todos los aparatos de la planta 0 están equipados con impresora. Puede consultar la localización de estos terminales en los planos del aeropuerto.
Narrador: ¿Qué afirma este anuncio sobre el aeropuerto de Ibiza?

Anuncio 2
El aeropuerto de Valencia ha puesto en marcha el servicio Tourist Móvil, para que los viajeros descarguen gratuitamente guías turísticas interactivas para el teléfono móvil en cinco idiomas. Este servicio se ha instalado en las salas de recogida de equipajes para que los viajeros puedan activar su móvil y descargar las guías mientras esperan sus maletas.
Narrador: ¿Para qué sirve el servicio Tourist Móvil?

Anuncio 3
Todos los aeropuertos de AENA disponen de máquinas plastificadoras situadas en la zona de facturación. Si desea liberar las ruedas y el asa, solicíteselo al empleado. El precio de este servicio es de 6 euros por bulto o maleta o 9 euros si desea añadir un sistema de rastreo y seguimiento de equipajes. El servicio está disponible de 8:30 a 24:00 horas.
Narrador: ¿Qué características tiene el servicio de plastificado de equipaje?

Anuncio 4
Debido a las obras de ampliación de la terminal, la sala de llegadas nacionales del aeropuerto de Palma se ha trasladado momentáneamente a la antigua zona de recogida internacional. Se ha creado un pasillo de acceso a los baños. Las cafeterías estarán cerradas durante las obras, por lo que se colocarán máquinas expendedoras de bebidas y sándwiches.
Narrador: ¿Qué consecuencias tienen las obras de ampliación de este aeropuerto?

Anuncio 5
El aeropuerto de A Coruña pone a disposición de sus usuarios una sala de negocios totalmente equipada donde puede realizar reuniones de trabajo, conferencias o esperar un vuelo. Este nuevo espacio puede ser alquilado tanto para empresas como para particulares. Está situada en la planta superior de la terminal de pasajeros, junto al restaurante del aeropuerto.
Narrador: ¿Qué dice este anuncio sobre el aeropuerto de A Coruña?

Anuncio 6
El aeropuerto de Madrid-Barajas informa de la ampliación de la línea de autobuses 824, que hasta ahora comunicaba el aeropuerto con Torrejón y ahora llega hasta Alcalá. Esta línea dispone de dos paradas en el aeropuerto, debidamente señalizadas. El nuevo servicio funcionará con intervalos de 30 minutos de lunes a viernes y con frecuencia de una hora sábados, domingos y festivos.
Narrador: ¿Qué se informa sobre la línea 824?

Adaptado de http://www.aena.es

TAREA 2 CD II, pista 12, p. 125 (Acento argentino)

¿Qué te trajo aquí?

Me llamo Roberto y soy uruguayo. Y allá viví con mis padres hasta hace más o menos dos años. Pero resulta que conocí a Carmen, una española que estaba trabajando en Montevideo en la misma oficina que mi hermano

Ernesto. Un día Ernesto trajo a Carmen a nuestra casa porque quería conocer Punta del Este y, bueno, me cayó muy bien y la invité a mi cumpleaños, que era la semana siguiente.

Empezamos a salir y, al cabo de un año, decidimos casarnos. Pero, al poco tiempo, se le acabó el contrato. Yo tan solo tenía un trabajo temporal, insuficiente para mantenernos a los dos. Aunque Carmen casi que prefería quedarse allá, tampoco encontraba nada, así que nos planteamos la decisión de probar suerte en España. Finalmente, después de hablar mucho de los pros y los contras y de pensarlo bien, optamos por venirnos a Madrid, de donde es ella. Yo había conocido a sus padres y a su hermana en la boda, pero de forma muy superficial y estaba un poco nervioso. La verdad es que nos acogieron maravillosamente. Pero como su casa solo tiene dos dormitorios, teníamos que dormir en el sofá. Además, solo hay un cuarto de baño y no era muy cómodo ni para ellos ni para nosotros. Estuvimos buscando un piso, pero no era fácil.

Hasta que finalmente encontramos algo que nos gustó. Es un apartamento chiquito, pero no me importa porque lo tenemos muy lindo. Además, estamos en el mismo barrio que sus padres, que es una zona muy agradable y bien comunicada. Me encanta. Lo único es que está en el quinto piso y no tiene ascensor.

El barrio es muy agradable. La casa de mi familia en Uruguay estaba en una zona muy tranquila y creo que no podría habituarme a cierta zonas de Madrid con tanto tráfico y ruido. En cambio, nuestro barrio es estupendo en ese sentido. Nuestro departamento da además a un parque precioso. Lo único que echo de menos es el mar, porque desde mi ventana en Punta del Este podía verlo.

Bueno, y por supuesto, también echo mucho de menos a mis padres. ¡Hace tanto que no los veo! De cualquier modo, me prometieron que van a venir en Navidades. Ellos pasaron acá su luna de miel hace treinta y dos años. Me parece que lo van a encontrar esto muy cambiado. Estoy contando los días para que vengan. ¡Ya solo queda un mes!

Adaptado de http://www.porexperiencia.com

TAREA 3   CD II, pista 13, p. 126

Noticia 1
Por tercer año consecutivo, el grupo de montaña Un paso tras otro, ofrece el ciclo de Cine de Montaña. Desde su fundación, este grupo realiza diversas actividades entre sus socios, siempre relacionadas con la montaña: escalada, senderismo, bici, etc. Para esta edición, se ha programado una serie de películas que serán proyectadas en la Casa de la Juventud de San Martín todos los viernes de febrero y marzo, a las 20:30 horas.

Noticia 2
El Ayuntamiento de Puerto Alto ha aprobado la cesión de un terreno municipal, situado en el parque empresarial de la localidad, para la construcción de un nuevo instituto de secundaria, que se une a los cuatro con los que ya contaba la localidad. Este centro educativo contará con dieciséis unidades de secundaria y bachillerato y será financiado con fondos de la comunidad.

Noticia 3
Desde hoy, Alcaudón cuenta con una nueva línea de autobuses, la 765, con conexión directa al hospital Virgen de la Salud que además comunicará a los vecinos con zonas de ocio y centros comerciales. El viaje, de una duración aproximada de cincuenta minutos, tendrá una frecuencia de treinta minutos en las horas punta y de sesenta en horas de menor tráfico. Además habrá horarios especiales en fin de semana a las zonas de ocio.

Noticia 4
Nuestra comunidad se convirtió ayer domingo en la primera que estrena libertad de horarios comerciales. Y lo hizo con la práctica totalidad de los grandes comercios abiertos. Cualquier gran superficie que lo desee puede ya abrir al público las 24 horas del día, sin restricciones. Esta medida, destinada a la creación de empleo, no gusta al pequeño comercio ni a los sindicatos.

Noticia 5
El Ayuntamiento de Puerto Mediano ha comenzado trabajos de mejora en las calles del pueblo. La Concejalía de Servicios ha actuado principalmente sobre aceras y pavimento. Los lugares donde se han acometido los trabajos han sido seleccionados tras detectar las necesidades prioritarias y una vez valoradas las peticiones de los ciudadanos. En Los Castillos se trabaja en el acondicionamiento de las aceras levantadas en numerosos puntos por la presión de las raíces de los árboles.

Noticia 6
Con motivo de las fiestas de Altozano, desde esta mañana y hasta el día 18 de junio, se producirán cortes de tráfico desde la rotonda de la carretera de Zarzamora hasta la rotonda de la avenida José María Poveda, afectando a las calles San Blas, Extremadura y Hontanilla, con acceso exclusivo para residentes. También se verán afectadas algunas paradas de autobús debido al cambio de trayecto.

Adaptado de http://www.lavozdelasierra.es

TAREA 4 — CD II, pista 14, p. 127

Persona 0
Hombre: Cuando nos casamos, queríamos vivir cerca de nuestra familia, en el centro, pero fue imposible encontrar una casa de las características que necesitábamos. Lo único que había era apartamentos y estudios pequeñísimos. Así que cambiamos de planes y nos fuimos a una urbanización de los alrededores de Sevilla. Y la verdad es que estamos muy bien aquí.

Persona 1
Mujer: Nosotros nos vinimos a vivir aquí cuando nos casamos hace... ¡Uf, más de quince años! Cuando vinimos, era un barrio nuevo. Muy pocas tiendas estaban abiertas y teníamos que ir lejísimos para comprar cualquier cosa. Pero poco a poco fueron abriendo comercios y ahora tenemos de todo. Lo único que echo de menos es más zonas verdes.

Persona 2
Hombre: Yo estoy bastante contento con el barrio donde vivo. Es tranquilo, seguro, tenemos buenas comunicaciones, hay tiendas de todo tipo. Incluso acaban de abrir un centro comercial enorme con bolera y multicines. El único problema es que, cuando llego por la noche, a veces tengo que dejar el coche lejísimos de casa.

Persona 3
Mujer: Vivo en el casco histórico de Toledo. Es precioso y sé que tengo mucha suerte de vivir allí. La casa está completamente renovada y es muy cómoda. Mi único problema es que la calle es muy estrecha y no se puede entrar con el coche, así es que, cuando hago la compra, tengo que cargar con todas las bolsas. Son cinco minutos, pero es que es cuesta arriba...

Persona 4
Hombre: Cuando mis padres se jubilaron, se fueron a vivir a Alicante y yo me quedé con su casa. Así es que llevo aquí toda la vida. La verdad es que estoy contento: todos los vecinos son amigos, conozco a los dueños de todas las tiendas de los alrededores. No tengo ninguna intención de cambiarme por ahora.

Persona 5
Mujer: Cuando vinimos a vivir aquí, nuestro barrio era otra cosa. Al principio era muy agradable y tranquilo. Por la noche no se oía ni un ruido, nada. Pero ahora, han construido una carretera cerca y el nivel de ruido y de contaminación es insoportable. Nos gustaría mudarnos, pero con los precios de las casas ahora es imposible.

Persona 6
Hombre: Nosotros acabamos de mudarnos a este barrio, así es que todavía no lo conozco mucho. Lo mejor es que estamos cerca de mi trabajo y del de mi mujer. Por lo demás, parece un barrio agradable y tiene muchos comercios y parques. Lo que más me gusta es que no hay edificios altos y las calles son muy amplias.

TAREA 5 — CD II, pista 15, p. 127

Mujer: ¡Por fin! Ya pensaba que no vendrías. Estaba a punto de marcharme.
Hombre: Lo siento de verdad. Es que el tráfico estaba fatal. Había un atasco tremendo en la avenida de la Paz. Los semáforos están estropeados y ya te imaginas el caos que se forma.

Mujer: Pero ¿cómo se te ocurre sacar el coche a estas horas? ¿Por qué no has tomado el metro? O mejor aún, ¿porque no has venido andando como yo? No son más que veinte minutos desde tu casa aquí...
Hombre: Es que luego hemos quedado en casa de José a jugar al póquer y probablemente acabemos tarde.
Mujer: Hace un montón que no veo a José. ¿Cómo anda?
Hombre: Bien, como siempre. Del que tengo novedades es de Chema. El otro día me dijeron que se ha comprado una casa.
Mujer: ¿Y ahora te enteras? Yo ya lo sabía desde hace tiempo. Me lo encontré a él y a su novia justo cuando les dieron las llaves y me llevaron a ver el piso.
Hombre: Vaya, pues se ve que he sido el último en enterarme... ¿Y qué tal la casa? ¿Dónde está?
Mujer: ¿Conoces el barrio de la Luz? Pues justo al lado de la oficina de Correos. ¿Vas a tomar algo? En esta heladería los helados están buenísimos. Los hacen ellos.
Hombre: ¡Bah! Para helados buenos los de La Alicantina. A ver si te invito un día.
Mujer: Ya los he probado y desde luego son mejores, pero estos tampoco están mal...
Hombre: Prefiero un café. ¿Qué estabas leyendo?
Mujer: Un artículo sobre inmigración. Ya he terminado el periódico, si quieres, llévatelo.
Hombre: No te preocupes, lo leeré esta noche en Internet.
Mujer: ¡Uf! Yo odio leer de Internet. Me duelen los ojos.
Hombre: Pues si te interesa el tema de la inmigración, mañana echan un documental buenísimo en la tele.
Mujer: Ya lo sé, pero mañana trabajo.
Hombre: ¡¿En sábado?!
Mujer: Sí, y pasado también, hay que hacer guardias y este mes me ha tocado a mí.

EXAMEN 8

TAREA 1 CD II, pista 16, p. 147

Mensaje 1
Mujer: Hola, Marga, soy Elena. Ya he terminado el libro que me prestaste. Me ha encantado. Tenías toda la razón es precioso de verdad. Por cierto, María me comentó que quería leerlo ella también y, que si no lo necesitas de momento, que si puedes dejárselo. Llámame o mándame un SMS. Besitos.
Narrador: ¿Para qué llama Elena?

Mensaje 2
Hombre: ¿Laura? Soy Javier. Esta tarde Luis y yo vamos al polideportivo con Jaime. No sé si conseguiremos pista para las cuatro, porque no hemos reservado. Espero que lo logremos, si no, tendremos que esperar una hora y media. O sea, que como mucho, llegaré a casa sobre las ocho porque él tiene coche y luego me acerca. Hasta luego.
Narrador: ¿A qué hora prefiere jugar Javier?

Mensaje 3
Mujer: Hola, Eduardo. Te llamo para decirte que al final no vamos a ir hoy al cine porque no hemos encontrado entradas. ¿Puedes tú decírselo a Jaime? Es que ahora está en clase y no puedo llamarle y yo entro a trabajar dentro de un rato.
Narrador: ¿Qué debe hacer Eduardo?

Mensaje 4
Hombre: Este es un mensaje para la señora Rodríguez. Llamo de la Casa de la Cultura para informarle que las clases de baile por las que había preguntado no empezarán hasta que no haya al menos ocho estudiantes inscritos. Llámenos o pase por nuestra oficina el lunes o el miércoles por la mañana.
Narrador: ¿De qué informan a la señora Rodríguez respecto a las clases de baile?

Mensaje 5
Mujer: Merche, soy Lola. ¡Tengo dos entradas para *La Traviata*! Resulta que mi jefe pensaba ir, pero tiene una cena de trabajo y su mujer no quiere ir sola. Total, que me han dado las entradas. A mí no me gusta la ópera, y cómo sé que a tu novio le encanta... Dime cuándo te puedes pasar a buscarlas.
Narrador: ¿Quién va a ir a la ópera?

Mensaje 6
Hombre: Gerardo, soy Lucas, te llamaba para comentarte el partido de ayer. ¡Menuda decepción! Yo no esperaba una victoria, pero al menos un empate y haber podido seguir en la competición. ¡Pero perder cuatro a cero! En fin, ¡qué rabia! Te llamo luego.
Narrador: ¿Qué resultado ha tenido el equipo de Lucas?

TAREA 2 CD II, pista 17, p. 149

Películas que marcaron nuestra vida

Hola, soy José. Respondiendo a la pregunta que habéis lanzado, si tengo que elegir una película que me marcó, me quedo con *Matrix*. Ahora mis gustos en cine van por otra parte: me gustan más las películas de temática social, con más fondo. Pero cuando vi *Matrix* a los trece años, me encantó. Y todavía es una de mis películas favoritas.

Yo tengo un primo con el que siempre he estado muy unido. A él siempre le ha gustado mucho la ciencia ficción y es él el que me aficionó. Veíamos juntos *La guerra de las galaxias, Star Treck*, e incluso clásicos de la ciencia ficción de los años cincuenta. Recuerdo que él tenía una colección enorme de cómics y novelas. Yo reconozco que nunca he sido muy aficionado a la lectura y prefería ver películas o series en la tele.

Cuando estrenaron *Matrix*, mi primo fue a verla al cine y me habló mucho de ella. Yo quería verla, pero mis padres eran muy estrictos con el tema de las películas que podíamos y no podíamos ver mis hermanos y yo y de esta, concretamente, pensaban que era demasiado violenta para nosotros, pero resulta que ellos la alquilaron del video-club para verla. Así que me levanté por la noche y la vi sin que nadie se enterara.

Luego la he vuelto a ver un montón de veces y siempre me gusta. Recuerdo que cuando salió la segunda, *Matrix reloaded*, fui con mucha ilusión al cine. Ya tenía diecisiete años y podía ver lo que quisiera, pero me decepcionó muchísimo. Reconozco que los efectos especiales son fantásticos, pero la historia me pareció muy tonta. En cuanto a la tercera, ni siquiera la he visto ni tengo ganas de verla, la verdad.

Algunos piensan que es una película superficial, y que su único interés son los efectos especiales. Pero yo creo que tiene un mensaje interesante. Mis amigos se ríen de mí cuando digo que hay un fondo filosófico en la película. Pero yo creo que es verdad: lo que nos dice es que creemos que somos libres, pero que en realidad no lo somos. No digo que haya una máquina monstruosa que nos controla, pero sí que los medios de comunicación hacen que la gente piense lo que ellos quieren que piensen.

Afortunadamente, mi novia es de mi misma opinión. De hecho, me regaló la edición de coleccionista en mi cumpleaños, que ha sido este miércoles, y hemos quedado en verla el próximo fin de semana. Ya la hemos visto varias veces y la hemos comentado, pero no nos importa verla juntos de nuevo.

Adaptado de http://www.taringa.net

TAREA 3 CD II, pista 18, p. 151 (Acento mexicano)

Noticia 1
Como ocurre desde hace una década, la magia, la música y los bailes del Carnaval de Barranquilla llegaron hoy a la Casa de América en Madrid, de la mano de la Asociación Cultural Nativos de Macondo, formada por inmigrantes colombianos en Madrid. Una treintena de artistas y bailarines recrearon esta importante festividad colombiana declarada en 2003 Patrimonio de la Humanidad.

Noticia 2
Dos poemas inéditos del escritor uruguayo Mario Benedetti aparecieron en un libro de la biblioteca personal que el literato donó en 2006 al Centro de Estudios Iberoamericanos que lleva su nombre, de la Universidad de Alicante. El papel con los dos poemas se encontraba guardado en el interior del libro *Insomnios y duermevelas*, publicado en 2002.

Noticia 3
Algunas galerías españolas han decidido orientar su mirada hacia el mercado del arte indio y participan en la India Art Fair. Mientras en Europa suspiran por compradores, el sector del arte en este país asiático, aunque todavía modesto, va cada vez mejor y prueba de ello es la consolidación como referente artístico de esta feria, que hoy se cierra en Nueva Delhi.

Noticia 4
La última novela de la escritora española Alicia Giménez Bartlett se desarrolla en Roma, como homenaje a sus admiradores italianos. El libro, que se encuentra en las librerías italianas desde el pasado 10 de enero ya ha vendido más de 100 000 ejemplares. La editorial italiana Sellerio y la española Destino, que sacará a la venta el libro el próximo martes 5 de febrero, han realizado en Roma un acto de presentación conjunta.

Noticia 5
Nace Hispania London, el espacio más grande de Europa de gastronomía española. Un local de novecientos cincuenta metros cuadrados, en el corazón de la City londinense, dividido en dos plantas, en las que se ubicarán un bar de tapas, un restaurante de cuarenta plazas, una tienda gastronómica con *delicatessen*, charcutería y quesos, un bar de copas y una sala donde pueden tener lugar distintos eventos.

Noticia 6
Escritores de Argentina, Brasil, Chile y Cuba ganaron los premios literarios Casa de las Américas, creados en 1959. Dos argentinos ganaron en las categorías de Poesía y Literatura testimonial, mientras que la chilena Lucía Guerra ganó el Premio Extraordinario de Estudios sobre las Culturas Originarias de América. Ese galardón fue convocado por primera vez este año para homenajear en su centenario al ensayista e historiador guatemalteco Manuel Galich.

Adaptado de http://www.terra.com.mx

TAREA 4 CD II, pista 19, p. 153

Persona 0
Hombre: El domingo estrenan la última película de *La Guerra de las Galaxias*. Soy un fan de esa saga desde que tenía quince años y vi la primera. Luego he visto todas las que han salido, así es que desde que supe que iban a sacar una nueva película estoy deseando verla. Hice la reserva hace ya dos semanas.

Persona 1
Mujer: Mi marido es muy aficionado al fútbol y ahora que se está jugando el mundial no se separa del televisor. A mí no me interesa tanto, pero en ocasiones como esta en que España juega la final, es diferente. Se lo he dicho a unos amigos y vendrán a verlo con nosotros. Creo que así es más divertido.

Persona 2
Hombre: Pues yo quería descansar este fin de semana, porque llevo una temporada de mucho trabajo en la oficina. ¡Estoy agotado! Pero resulta que el domingo son las bodas de oro de mis suegros, y mi mujer y sus hermanos les han preparado una fiesta sorpresa y, claro, tenemos que estar todos allí. Espero que no acabemos muy tarde.

Persona 3
Mujer: Unos amigos acaban de comprarse un chalé fantástico, con un gran jardín y piscina y quieren hacer una fiesta de inauguración. La idea era hacer una barbacoa allí el domingo, pero las previsiones del tiempo no

parecen muy buenas... Tendremos que esperar a última hora para ver si se hace tal como estaba planeado o se deja para el próximo fin de semana.

Persona 4
Hombre: Yo me bajaré a comprar el periódico y lo leeré mientras desayuno en el bar de la esquina. Luego me daré un paseo por el parque, si hace buen tiempo. Después, me iré a comer a casa de mis padres y, por la tarde, jugaremos una partida de cartas. Es mi rutina de cada domingo.

Persona 5
Mujer: Hemos prometido a los niños que los llevaremos este domingo al parque de atracciones. A ellos les hace mucha ilusión y la verdad es que durante la semana no les podemos dedicar mucho tiempo, pero lo cierto es que no tengo muchas ganas: ¡horas y horas de pie bajo el sol, esperando a que suban y bajen de las atracciones! Ufffffff.

Persona 6
Hombre: ¿Planes? Mi hijo está de exámenes así es que no podremos hacer nada especial durante todo el fin de semana. Yo normalmente le echo una mano con la Lengua y mi mujer con las Matemáticas De cualquier modo, mi hermana acaba de tener un bebé y tendremos que encontrar un momento para ir a visitarla a la clínica.

TAREA 5 CD II, pista 20, p. 154

Hombre: ¡Ya estás aquí! Creía que normalmente los viernes empezabas a las nueve.
Mujer: Ya ves. Es que ayer quedé con la jefa en que vendría una hora antes para poder irme temprano. Es que me voy de viaje y tengo que estar en el aeropuerto a las dos y media. Mi novio pasa a recogerme con el coche a menos cuarto.
Hombre: ¡Ah! ¿Sí? ¿Y adónde vais?
Mujer: A visitar a mi hermana en Londres.
Hombre: ¿Tu hermana vive en Londres?
Mujer: Sí, su empresa la envió a la sucursal de allí hace un par de meses, y hemos decidido aprovechar este puente para verla y visitar la ciudad.
Hombre: ¿No la conoces? Pues es una ciudad preciosa, yo hice allí la carrera. ¡Qué recuerdos!
Mujer: ¿Y tú? ¿Tienes planes?
Hombre: ¡Unos planes maravillosos! No sé si sabes que acabamos de comprarnos una casa y la estamos pintando nosotros mismos para ahorrar un poco.
Mujer: ¡Hombre! ¡Enhorabuena! No sabía nada. Pero ¿por qué os habéis cambiado? Vuestro apartamento me parecía precioso y tan céntrico.
Hombre: Sí, pero teníamos ganas de tener algo nuestro. Además, el dueño nos había hablado de subir la mensualidad y ya nos resultaba muy caro.
Mujer: No me lo digas a mí. ¡Este año nos han subido un 15 % el alquiler! Pero de cualquier forma, este es un puente bastante largo, ¿no vais a hacer otra cosa que trabajar?
Hombre: No, mujer, no. Pensábamos ir al teatro, pero no sabemos qué ver.
Mujer: Pues te aconsejo la versión musical de *La viuda valenciana*. Dicen que está genial.
Hombre: Genial de verdad. Fuimos la semana pasada.
Mujer: Pues yo espero poder ir antes de que la quiten de cartel. También te aconsejo *El zoo de cristal*. Yo la vi cuando la estrenaron y me encantó. Es el estilo de teatro que a mí me gusta.
Hombre: Ya, pero eso es un drama y no tengo ganas de cosas deprimentes. Me apetece algo divertido que no me haga pensar mucho.
Mujer: Pues toma, me han dado este periódico gratuito en la boca del metro. Mira en la sección de cartelera, a ver si encuentras algo que te apetezca. Y yo me pongo a trabajar, que tengo mucho que hacer.

SOLUCIONES JUSTIFICADAS

Examen 1

COMPRENSIÓN DE LECTURA

Tarea 1, p. 8
0-c) Alicia habla de *luchar... sin usar la violencia*, y en el texto se dice que *Empieza a luchar... pero siempre de un modo pacífico;* **1-a)** Roberto valora a la gente *que empieza desde abajo* y en el texto se dice que Edison *empezó como vendedor de periódicos*; **2-j)** Marisa habla de la gente a la *que el reconocimiento les ha llegado tras su muerte* y en el texto se dice *muere pobre y arruinado, pero ahora se le considera el padre de la imprenta*; **3-b)** Juan afirma admirar *a los personajes que han trabajado en diferentes campos* y en el texto se dice que Leonardo, además de pintar, trabajó en *anatomía, arquitectura, ciencia, filosofía, ingeniería, música*; **4-f)** Natalia admira a *los que son capaces de utilizar su atractivo personal para triunfar* y en el texto leemos que Cleopatra, *con su encanto personal, logró seducir primero a Julio César y luego a Marco Antonio*; **5-i)** Eduardo admira *a la gente que ha mejorado la vida de la gente normal, sobre todo en el campo de la salud* y en el texto se dice que Fleming *descubre la penicilina... que ha salvado desde entonces millones de vidas*; **6-g)** Paula admira a los que *al mismo tiempo son aventureros y hacen sus descubrimientos observando la naturaleza* y en el texto leemos que Darwin *viaja por todo el mundo observando animales y plantas, lo que le lleva a crear la teoría de la selección natural y de la evolución*. Descartamos el texto **d)** sobre Mandela, porque en ningún momento se habla de que consiguiera sus fines sin uso de violencia; el texto **e)**, porque Napoleón pertenecía a una familia noble, o sea, no tenía un origen modesto; y el texto **h)** porque los descubrimientos de Colón no están relacionados con el estudio de la naturaleza.

Tarea 2, p. 10
7-c) En el texto se dice que *la autoridad recaía en el padre*. Descartamos **a)** porque se habla de respeto a *los padres*, es decir, padre y madre, y **b)** porque se dice que *solo los jefes podían tener varias mujeres*; **8-b)** En el texto se dice que *los hombres de la clase gobernante hicieron menos evidente su relación con varias mujeres*. Descartamos **a)** porque no hay un cambio radical, ya que el texto indica que el padre sigue siendo la autoridad máxima y **c)**, ya que se menciona que *no existía un solo tipo de familia*; **9-a)** En el texto se dice que el hijo mayor *recibía los bienes de la familia, pero también la responsabilidad de mantenerla*. Se descarta **b)**, porque se dice que *el padre era la máxima autoridad* y **c)** porque el texto afirma que los jóvenes, en general, *podían elegir esposa,* pero no dice que fueran los *únicos;* **10-a)** Se dice que *la mayoría de las familias vivían en comunidades rurales*. Descartamos **b)** porque se habla de que *la muerte materna era frecuente*, no la de los niños y **c)**, porque el padre sigue siendo la autoridad familiar y la madre sigue encargándose del hogar; **11-b)** Leemos que *la madre, que trabaja muchas veces fuera del hogar, (...) generalmente sigue encargándose del trabajo doméstico*. Descartamos **a)** porque en el texto se habla de *separación, violencia, abandono...*, con lo cual no ha mejorado y **c)** porque se dice que la mujer *sigue encargándose del trabajo doméstico*; **12-b)** El texto explica que *la sociedad (...) fue producto (...) de las transformaciones de la familia*. Descartamos **a)** porque el texto termina pregúntandose qué cambios podrán suceder en el futuro y **c)** porque en ningún momento se afirma que haya una necesidad de cambio.

Tarea 3, p. 12
13-b) Comenta que al principio le caía fatal; **14-a)** Magda dice que tiene 26 años y lo conoció hace diez años, o sea, cuando tenía 16; **15-c)** Carmen dice que *el hermano de él está casado con una prima de ella*; **16-c)** Carmen cuenta que *lo conoció en un foro*; **17-b)** Nuria dice que a Carlos le gusta el campo y las películas de acción y que ella es una urbanita que no soporta la violencia; **18-b)** Nuria explica que a Carlos lo trasladaron a la oficina de Barcelona y que luego ella pidió el traslado allí.

Tarea 4, p. 13

19-c) La fecha (1630) nos ayuda a situar este párrafo en este lugar, puesto que se está hablando de la historia del mito y de que la leyenda surge en la Edad Media; **20-e)** Termina el resumen del argumento de la obra: El fantasma acepta la invitación de Don Juan y lo invita a su vez y *de nuevo en el cementerio, el fantasma atrapa a don Juan y lo arroja al infierno*. La idea que conecta los dos textos sería la de la *vuelta al cementerio*; **21-a)** Se dice que la obra pasa a Francia y *a partir de ese momento se extiende por toda Europa*; **22-h)** El párrafo es un inciso que muestra cómo es ese cambio de visión que aporta el Romanticismo, ya que hasta ese momento don Juan había sido un personaje malvado que *siempre acababa castigado por sus pecados en el infierno* (considerando al seductor como malvado); **23-f)** La clave nos la da la expresión *este autor*, es decir, un autor cercano al que se acaba de hacer referencia, es decir, Zorrilla; **24-b)** Se habla de los nuevos caminos que encuentra el mito en el siglo XX en estudios de intelectuales e *incluso* en el cine. Se descartan **d)** y **g)** porque, aunque están relacionados temáticamente con el texto, no se pueden insertar coherentemente en ningún punto.

Tarea 5, p. 15

25-b) Se trata de un pronombre recíproco: se conocieron el uno al otro; si el verbo estuviera en singular *lo* y *le* podrían ser correctos; **26-c)** Se trata de una acción única en el pasado, por tanto tiene que ir en pretérito perfecto simple (o indefinido); **27-b)** Para hablar del tiempo futuro, en oraciones temporales, se utiliza el presente de subjuntivo detrás de *cuando* y otros marcadores semejantes; **28-c)** El adjetivo *contento/a* solo expresa estado de ánimo, por lo cual siempre se usa con el verbo *estar* nunca con *ser*; *sentir* sería correcto si se hubiera usado en su forma pronominal, *sentirse* contento de o por algo; **29-a)** El relativo *quien,* para ser correcto en esta frase, debería ir acompañado de la preposición *a*; **30-a)** La expresión correcta es *Al principio*.

COMPRENSIÓN AUDITIVA

Tarea 1, p. 16

1-c) La persona que habla necesita que alguien se quede puntualmente con sus hijos una noche, es decir, necesita una *canguro*; **2-a)** La persona que llama afirma ser el director del colegio y ruega a los padres que *se pongan en contacto* con él, es decir, que lo llamen... *en cualquiera de los números...*, es decir, por teléfono; **3-b)** La mujer pregunta si le *importa llamar*, es decir, le está pidiendo un favor; **4-c)** Se habla del *director* y de *revisar los presupuestos*, con lo cual se entiende que la relación es laboral; **5-b)** La mujer habla de que ha visto un posible regalo y pregunta a su interlocutor *qué le parece*, o sea, le pide opinión; **6-a)** Se puede deducir que la persona que habla está enfadada, ya que explica que *no está muy contenta* con él.

Tarea 2, p. 17

7-b) Rosa explica que el motivo de hacer tal fiesta *era importante para* sus *padres y (...) para su abuela*, es decir, quería contentar a su familia. Descartamos **a)** y **c)** porque en el audio Rosa afirma que ella siempre había dicho que, si se casaba *lo haría de la manera más sencilla posible* y su marido *era de la misma opinión*; **8-c)** Rosa explica que su abuela no pudo celebrar su boda y que quería para su nieta *lo que ella no tuvo*. Descartamos **a)** porque Rosa habla de que es la única chica, pero su abuela tiene varios nietos varones, y **b)** porque habla de la abuela en presente, no se puede deducir que esté muerta; **9-a)** Rosa afirma que ella hizo el dibujo, es decir, ella misma lo diseñó. Descartamos **b)**, porque no se menciona a la abuela y se habla de cómo se confeccionó el vestido (no era un vestido viejo) y **c)** porque dice que *quedó precioso*; **10-b)** La protagonista comenta que el *cóctel costó una verdadera fortuna*. Descartamos **a)**, porque las flores eran flores del campo, con lo cual se entiende que eran gratis y **c)** porque el lugar se lo prestó su tío, lo que hace suponer que no tuvo que pagar nada; **11-c)** Rosa dice que pensó que había perdido un pendiente, es decir, una joya, pero luego lo encontró. Descartamos **a)** porque dice que *todo estaba riquísimo, especialmente la tarta* y **b)** porque no menciona nada al respecto; **12-b)** En el texto se afirma que lo que más sorprendió a los invitados fueron *las servilletas personalizadas*, es decir, con un diseño original. Descartamos **a)** porque, aunque explica cómo estaban decoradas las mesas no dice que fuera original y **c)** porque dice que se trató del *típico vídeo*.

Tarea 3, p. 18

13-b) Se dice que ambas eran buscadas desde el jueves. Se descarta la opción **a)** porque se dice que las desapariciones no estaban relacionadas, por lo que se puede deducir que no son amigas, y **c)** porque se dice que cada una procedía de una ciudad diferente; **14-c)** La noticia dice que *necesita conocerlo*. Descartamos **a)** porque se sabe el nombre y la nacionalidad del padre y **b)** porque la chica creó una página de facebook para encontrarlo, es decir, todavía no lo ha encontrado; **15-a)** Habla de *niños de hasta once años,* con lo cual hay un límite de edad. Descartamos **b)**, porque hay una *tablet* de premio y **c)**, porque se habla de que el objetivo es donar comida a los pobres, no prepararla; **16-c)** Se dice que *salía de celebrar su propia fiesta de casamiento*. Se descarta la opción **a)** porque era el conductor del otro coche quien tenía 23 años y **b)** porque se dice que su coche *fue impactado por el otro*, es decir, el otro era el culpable; **17-b)** Dice que *el cierre fue de la mano de las cantantes (...) con la música de su espectáculo...* Se descarta **a)** porque se dice que es un *día internacional*, con lo cual se celebra en muchos lugares, y **c)** porque se habla de *cientos de personas,* es decir, de una gran participación; **18-b)** Se habla de *reacciones mixtas* y se dice que algunos aceptan a sus padres como amigos en las redes sociales y otros no. Descartamos **a)** porque se dice que *los padres están vigilando las actividades en línea de sus hijos*, y **c)**, porque se dice que *el 80 % de los padres cuyos hijos adolescentes usan redes sociales son a su vez usuarios de las mismas*.

Tarea 4, p. 19

0-e) Afirma que se dio cuenta de que estaba hablando con Víctor Valverde y no con Máximo Valverde como había pensado; **19-d)** Se rio en un funeral; **20-i)** Se tiró a la piscina para salvar a un hombre que en realidad estaba haciendo ejercicios de prácticas; **21-a)** Besó en la cabeza a unos niños, gesto que no es correcto según la religión del país donde está; **22-c)** Creía que el hombre iba a caerse, pero en realidad estaba cojo; **23-j)** Creía que su compañera tenía un problema de salud, cosa que no era así, sino que se había hecho un tratamiento de cirugía estética; **24-g)** Incluyó a su jefe en las direcciones de un correo que no era para él. Descartamos **b)**, ya que la persona 3 habla de una parte prohibida, pero no se refiere a un lugar, sino a la cabeza de los niños. Igual pasa con **f)** y **h)**, ya que no se mencionada nada relacionado con esos enunciados afirmaciones.

Tarea 5, p. 19

0-b) La mujer dice *¡qué raro verte a estas horas!*; **25-a)** Carlos afirma que *normalmente* tiene *trabajo de tarde*, es decir, tiene otro horario; **26-b)** Su hermana se acaba de separar, lo cual es un problema familiar; **27-a)** Carlos dice que Nines está embarazada y que están muy contentos por eso, con lo cual podemos pensar que es su mujer; **28-c)** Carlos pregunta por el marido de Rita y luego menciona su propio casamiento, así que ninguno está soltero; **29-b)** Rita decide no tomar el autobús porque todavía tiene tiempo; **30-a)** Carlos comenta que siempre llega tarde, así que es impuntual.

Examen 2

COMPRENSIÓN DE LECTURA

Tarea 1, p. 26

0-g) Elena quiere vivir en *una casa independiente* y lejos de *cualquier zona habitada*, así que le conviene la *casa rústica,* ya que al ser una casa, es independiente, y está a 25 km de Madrid; **1-i)** Juan quiere un estudio de una sola habitación con cocina americana y el texto **i)** ofrece un ático de una habitación con *cocina abierta al salón,* es decir, cocina americana; **2-b)** Charo necesita tres dormitorios y no quiere una planta alta, así que le conviene el piso del texto **b)**, porque, aunque tiene dos dormitorios, existe la posibilidad de hacer un tercero y está en una planta baja; **3-f)** Víctor necesita algo barato y no le importa irse a las afueras y en el texto **f)** se ofrece un piso *económico* a 45 minutos de Madrid; **4-c)** Lo que más le importa a Fátima es tener algo propio en el centro y con luz y el piso del texto **c)** está en *pleno centro* y es *muy luminoso;* **5-a)** Pablo quiere algo amplio y céntrico en dos plantas y el texto **a)** ofrece un *dúplex* en el *centro;* **6-e)** Ernesto quiere disfrutar de una piscina y jardín, pero sin tener que ocuparse de ellos y el texto **e)** ofrece un chalé con *zonas comunes* (piscina y zona de juegos), de los que no hay que ocuparse personalmente. Descartamos **d)**, porque podría parecer apropiado para Charo, pero ella no quiere un piso alto y este está en la planta cinco. También descartamos el texto **h)**, porque

Charo no quiere irse a las afueras y Ernesto no quiere ocuparse del jardín ni la piscina. Descartamos el piso del texto **j)** por ser interior, por lo cual a Fátima no le interesa, pues quiere algo con luz.

Tarea 2, p. 28

7-a) Se dice que *desde 1990 se redujo el déficit habitacional a la mitad, con la construcción de casi dos millones de viviendas,* de ahí que se entienda que antes de esta época había un problema de falta de viviendas. Descartamos la opción **b)**, porque es *actualmente* que el 70 % de los chilenos posee una vivienda y **c)**, es a partir de los años 90 cuando se construyen muchas viviendas; **8-c)** Se dice que *las ciudades chilenas están entre las más económicas del mundo para vivir.* Descartamos **a)**, porque el texto afirma que *los extranjeros (...) no tienen restricciones para adquirir propiedades* y **b)**, porque en el texto se menciona que hay diferentes precios en diferentes lugares del país; **9-b)** El texto habla de *contacto cultural, gasto menor, situación que facilita su integración,* es decir, ventajas. Descartamos **a)** porque según el texto lo que atrae a los extranjeros es estudiar, no vivir con las familias chilenas y **c)** porque si bien se habla de *gasto menor* nada se dice de gestiones complicadas, al contrario, se menciona que las redes sociales facilitan las gestiones; **10-b)** El texto informa de que la corriente eléctrica de Chile es de 220 V y se recomienda adquirir un adaptador. Descartamos **a)**, porque el texto afirma que los apartoteles están amueblados y **c)**, porque aunque se habla de los hoteles de calidad, no se recomienda en ningún momento su uso; **11-a)** Se dice que están *disponibles a bajos precios fuera de temporada turística.* Descartamos **b)** porque el texto dice *sin alejarse demasiado de la ciudad* y **c)** porque a los que vienen *en plan familiar* se les recomienda los *barrios residenciales*; **12-a)** Se dice que se deben tomar *las precauciones lógicas de cualquier persona en cualquier parte del mundo.* Se descarta **b)** porque se dice que *sus barrios en general son seguros* y **c)** porque el texto afirma que *la policía del país cuenta con el respeto de la población y un prestigio que la hace plenamente confiable.*

Tarea 3, p. 30

13-a) Alfonso dice que su padre le *dejó el dinero*; **14-b)** Verónica menciona que a lo largo de su vida ha tenido tres casas; **15-c)** Roberto comenta que dentro de sus planes está el de convertir la sala en un dormitorio en el futuro; **16-a)** Alfonso dice que su casa está *en el centro histórico*; **17-c)** Roberto afirma que *a veces resulta difícil encontrar dónde dejar el coche*; **18-b)** Verónica dice que cuando era pequeña quería vivir en el centro, pero que finalmente ha preferido irse a vivir a un chalé en un pueblo, con lo cual ha cambiado de preferencia.

Tarea 4, p. 31

19-d) El término que nos da la pista aquí es la palabra *apartamentos*, ya que se está hablando de que los apartamentos turísticos son muy habituales a la hora de pasar las vacaciones y el fragmento menciona que *estos apartamentos*, los mencionados justo antes, tienen considerables ventajas; **20-g)** El texto habla de los derechos y obligaciones de usuario y el fragmento elegido menciona la conveniencia de *firmar un contrato* con los *requisitos mínimos* para ambas partes, es decir, los derechos y obligaciones; **21-a)** En el texto se habla de *servicios anejos al alojamiento, por ejemplo la piscina o el aparcamiento,* y en el fragmento se alude a *estos servicios comunes*; **22-f)** Este párrafo está dedicado al *precio del alojamiento* y en el fragmento se menciona que *este precio debe ser abonado...*; **23-b)** En texto se habla de *un anticipo en concepto de reserva* y en el fragmento se menciona *la cantidad que deberá entregar el usuario por dicho concepto...*; **24-e)** En el párrafo se habla de las devoluciones en caso de anulación y en el fragmento se informa sobre esos porcentajes. Descartamos **c)** y **h)** porque, aunque están relacionados temáticamente con el texto, no se pueden insertar coherentemente en ningún punto.

Tarea 5, p. 33

25-a) La expresión *estar cansado* va con la preposición *de*; **26-b)** Se dice *ir* cuando indica dirección «hacia» y va con la preposición *a*. La opción **a)** no es correcta, ya que *estar* necesita la preposición *en*; tampoco es correcta la **c)** porque *buscar* cuando nos referimos a una cosa o algo no lleva preposición; **27-c)** Aquí, la exclamación correcta es *Qué,* ya que es la única que puede ir con adjetivo, sin embargo, los exclamativos de las opciones **a)** y **b)** van con un verbo; **28-b)** En este caso elegimos el pretérito imperfecto porque se trata de una descripción; **29-a)** Los verbos de deseo van con subjuntivo y **a)** es el único subjuntivo que hay; **30-c)** El pronombre *lo* se refiere a *algo* y se trata de un complemento directo de cosa. Descartamos **a)**, porque en este caso el verbo *preferir* no es pronominal, ni reflexivo ni aparece en forma impersonal, ya que es José el que *prefiere*. Se descarta también la opción **b)**, porque *le* se refiere a personas, no a cosas.

COMPRENSIÓN AUDITIVA

Tarea 1, p. 34

1-a) La mujer dice que da *a la calle principal (…) y hay mucho tráfico*, es decir, es ruidosa. Descartamos **b)** porque se dice que hay ascensor, con lo cual subir escaleras no es un problema y **c)**, porque se habla de *precio económico*, es decir, barato o asequible; **2-a)** Según el mensaje, habían solicitado un modelo en color madera y tienen el modelo, pero no el color. Descartamos **b)**, porque el problema no es con el día de entrega y **c)**, porque le ofrecen otro modelo *del mismo precio*; **3-c)** La persona que llama pide a Luis que lleve la alfombra a la tintorería para que la limpien allí. Descartamos, por tanto, **b)**, porque no pide a Luis que limpie la alfombra, y **a)** porque en ningún momento se propone el hecho de comprar nada; **4-b)** La persona que habla dice que no merece la pena arreglar la nevera, ya que las hay nuevas a buen precio. Descartamos **a)** por la razón dada antes y **c)** porque nada se dice de traer una nevera; **5-a)** Por el tono del mensaje se entiende que Ana habla con una amiga. Descartamos **b)** porque no se dice nada de un ayuntamiento y **c)** porque no se habla de la madre de Ana, sino de la madre de la persona que llama; **6-a)** La persona que llama invita a su amigo a una fiesta que tendrá lugar próximamente. Descartamos la opción **b)** porque la fiesta aún no ha sido aunque les hubiera gustado celebrarla el mes anterior, y **c)** porque ya se conoce la existencia de la casa, por eso se dice *de la que te hablé*.

Tarea 2, p. 35

7-c) Lucas dice que *llevaba dos años de novio*. Descartamos **a)**, porque dice que decidieron *mudarse juntos* es decir, vivir juntos, no menciona nada de casarse, y **b)**, porque dice que tenían muy claro que no querían alquilar; **8-a)** El protagonista afirma que muchos de los avisos eran muchas veces una decepción y explica que aunque ellos decían claramente que querían dos dormitorios luego no era así. Descartamos **b)**, porque dice claramente que, al llamar por teléfono, *preguntaban todo lo imaginable* y **c)**, porque no menciona tal dato; **9-b)** Lucas comenta que cada uno venía de un barrio. Descartamos **a)** por la misma razón que la anterior y **c)** porque ella es la que viene del norte, pero eso no significa que busquen allí. Ellos quieren un barrio donde se encuentren bien los dos; **10-c)** El protagonista dice que tardó *un tiempo razonable*, es decir, *normal*, por lo que se descartan **a)** y **b)**, ya que estos periodos son muy largos. En el caso de **a)**, además, porque dice que tardaron cuatro meses, pero que ella sintió como si fueran cuatro años; **11-b)** Lucas afirma que el tema del papeleo *no era nada simple*. Descartamos **a)**, porque afirma que los llevó puntualmente y **c)**, porque lo que dice acerca del propietario es que había que convencerlo de que esperara; **12-c)** Dice que *nunca había visto a alguien tan contento*, es decir, parecía feliz. Descartamos **a)**, porque Lucas es el que dice que su casa está *cada día más linda* y **b)**, porque el que estaba emocionado era Lucas y no la empleada del banco.

Tarea 3, p. 36

13-b) Se dice de la nueva aplicación que *no está en el mercado todavía*, con lo cual, aún no se vende. Descartamos **a)**, porque sirve para hacer cosas a distancia a través del móvil, lo cual puede ayudar a *tener controlados a los hijos* y **c)**, porque no se puede adquirir en ningún sitio por la misma razón que **b)**; **14-a)** En la audición se dice que *creció (…) sobre el mismo mes del año pasado*. Descartamos **b)**, porque no ha bajado, sino al contrario, ha crecido y **c)**, porque sí ha variado, ya que el hecho de crecer marca una variación; **15-a)** En el texto se afirma que actualmente se compran viviendas más grandes. Descartamos **b)**, porque dice que buscan casas *de tres, cuatro y hasta cinco dormitorios* y **c)**, porque se dice que está cambiando *la tipología de las viviendas* que se contruyen, no que los compradores quieran cambiar de casa; **16-b)** La noticia afirma que en todo el litoral *el coste (…) ha experimentado un crecimiento* y Gerona está en la costa. Se descarta **a)**, porque se afirma que la aparición de compradores extranjeros es la causa de la subida de precios, no que se esté buscando tales compradores; y **c)**, porque se dice lo contrario, que los franceses prefieren en el norte y los rusos en el sur; **17-a)** El texto dice que más de la mitad de jóvenes emancipados son mujeres. Se descarta **b)**, porque el texto afirma que los españoles son los *que más tardan en emanciparse* y **c)**, porque se señala *la tasa de desempleo juvenil más alta de Europa* como una de las causas de la tardía emancipación, es decir, hay problemas de desempleo; **18-b)** La noticia afirma que los españoles buscan *opciones más asequibles*, es decir, baratas. Se descarta **a)**, porque el texto dice que *los ciudadanos no renuncian a sus vacaciones*, por lo tanto no dejan de veranear y **c)**, porque, al contrario, Tenerife es *una de las ciudades más demandadas*.

Tarea 4, p. 37

0-g) La persona que habla dice que su abuela (un familiar) le dejó un piso; **19-j)** El texto afirma que la casa donde vive no le gusta, pero que no pierde la esperanza de encontrar algo mejor, es decir, que busca algo; **20-a)** La persona dice que compró los muebles de moda cuando se casó, pero que se aburrió pronto de ellos, por lo tanto, ya no le gustan; **21-d)** El protagonista afirma que cuando compró su casa venía con muebles, con lo cual no pudo elegir y aún no los ha cambiado; **22-c)** La persona dice que hasta ahora solo ha comprado una cama y una mesa de ordenador y piensa tomarse su tiempo para amueblar la casa a su gusto, es decir, no tiene prisa; **23-e)** La persona comenta que tiene cosas modernas y antiguas, con lo cual combina diferentes estilos; **24-i)** Afirma que fue su mujer la que se encargó de la decoración, por lo tanto, lo hizo otra persona. Descartamos **b)**, **f)** y **h)**.

Tarea 5, p. 37

0-b) Emilia habla de un armario de *madera oscura*, es decir, de un color específico; **25-a)** Eduardo dice que los muebles de ahora son de usar y tirar y que no hay comparación con los de antes dando a entender que lo de antes era mejor; **26-b)** Emilia comenta que no hay espacio para toda su ropa; **27-a)** Eduardo dice que no están *como para hacer gastos*, es decir, no pueden gastar mucho; **28-c)** Eduardo dice que comprar la nevera es una cosa prioritaria y la mujer dice que tiene razón; **29-b)** Emilia dice que la semana siguiente va a empezar con una auditoría en su empresa, lo que representa más trabajo y que por eso no va a tener tiempo para nada; **30-a)** A Emilia parece no gustarle que el armario tenga un espejo y él dice que piensa que daría más sensación de espacio, con lo cual considera que es algo positivo.

Examen 3

COMPRENSIÓN DE LECTURA

Tarea 1, p. 44

0-j) Marcos llevaba las cuentas en su anterior trabajo y además tiene buen nivel de inglés, con lo cual puede presentarse al puesto de contable; **1-f)** Olga estudió Secretariado y ejerció de telefonista y además necesita un trabajo solo de mañanas; le interesa el puesto de auxiliar administrativo que es de media jornada; **2-d)** Enrique estudió Económicas y tiene experiencia de más de cinco años, así que puede solicitar el puesto de jefe de finanzas; **3-h)** Merche ha estudiado Hostelería, tiene conocimientos de inglés y carácter abierto, que son los requisitos para el puesto de recepcionista; **4-g)** Alfredo está estudiando todavía la carrera de Empresariales, con lo cual puede optar al puesto de estudiante en prácticas; **5-e)** Cristina tiene experiencia como asistente del director y domina el francés, así que es una buena candidata al puesto de secretaria de dirección; **6-b)** Antonio tiene la titulación necesaria para el puesto de programador júnior, que le conviene además por tener jornada flexible. Se descartan los anuncios **a)**, **c)** e **i)**.

Tarea 2, p. 46

7-b) El texto afirma que cada vez toman más fuerza *las cualidades personales* en la selección de personal y se menciona *confianza, liderazgo,* etc. Descartamos **a)**, porque afirma que las *calificaciones académicas (...) siguen siendo primordiales* y **c)**, porque lo que dice es que los reclutadores se interesan por los *intereses extraprofesionales,* pero no que no les importe la profesión; **8-a)** El texto afirma que *la influencia de las calificaciones ha disminuido durante la última década*. Se descarta **b)**, porque el hecho de afirmar que ha bajado significa que antes se le daba importancia y **c)**, porque, al contrario, se habla de una bajada en el interés, con lo cual no es mayor; **9-c)** En el texto se asegura que las empresas esperan que sus *futuros empleados cuenten con diversos intereses fuera del trabajo*. Descartamos **a)**, porque lo que se habla es de la conciliación de la vida laboral con la personal, lo cual es contrario a la idea de llevar trabajo a casa y **b)**, porque sí se habla de la importancia de la *buena presencia*; **10-b)** Se afirma que una gran proporción de reclutadores *buscan personas en que se vean reflejados y que les recuerden a sí mismos*. Descartamos **a)** porque se aprecia que el candidato haya viajado, pero no se dice nada de disposición para trabajar en el extranjero y **c)**, porque no se afirma tal cosa; **11-c)** Se habla de que la *educación en el trato personal* y también el *respeto* se valoran. Descartamos **a)** porque sí se tiene en cuenta la *limpieza en la apariencia*, lo que es un aspecto externo y **b)**, porque se dice que se busca *ética y honestidad* en el candidato, no que el reclutador actúe con honestidad; **12-a)** Se afirma que *los hombres son más propensos a contratar a postulantes bien parecidos, mientras que las mujeres se fijan más en una buena expresión*. Descartamos **b)** y **c)** porque no se afirman tales cosas.

Tarea 3, p. 48

13-a) Clara afirma que empezó a trabajar durante su tercer año de carrera, o sea, no había terminado sus estudios; **14-c)** Marta menciona que trabajó hasta la *jubilación,* o sea, que ya no trabaja; **15-a)** Clara menciona *todos sus trabajos posteriores,* es decir, ha trabajado en más de dos sitios; **16-b)** Eduardo dice que *lleva trabajando* en esa empresa... el uso de esa perífrasis indica que aún sigue trabajando en ella; **17-c)** Marta afirma que empezó trabajando en la peluquería de su tía; **18-b)** Eduardo dice que empezó haciendo prácticas y que al cabo de un tiempo le pusieron un sueldo, o sea, que antes no le pagaban.

Tarea 4, p. 49

19-e) El texto menciona a un par de estudiantes, Esteban y María Fernanda, y sus motivaciones para elegir carrera y el fragmento **e)** hace referencia a ellos diciendo que *son parte (...) de los que (...) entran a la universidad sin una adecuada orientación vocacional*; **20-h)** El texto continúa hablando de otras motivaciones equivocadas a la hora de elegir carrera y el fragmento **h)** aporta algunas más: *O quizá porque la universidad «es muy bonita», «tiene prestigio» y con un título otorgado por ella «uno consigue trabajo»*; **21-c)** El texto afirma que a veces el problema es la relación entre padres e hijos y el fragmento **c)** menciona precisamente al hijo que *se matricula en otra carrera para llevarles la contraria*, lo que hace referencia a esas diferencias o a ese problema; **22-a)** En el texto se mencionan dos aspectos fundamentales para orientar la vocación profesional y el fragmento **a)** describe ambos *Uno son los aspectos... y otro...*; **23-f)** Se está hablando de la mejor manera de tomar una decisión y en el fragmento **f)** se afirma que *en esta parte* (en la de tomar una decisión) *suelen ayudar los colegios y sus psicólogos*; **24-b)** En el texto se menciona la importancia de tener en cuenta el expediente académico al elegir carrera y se da un ejemplo y en el fragmento **b)** se sigue dando otro ejemplo en la misma línea. Descartamos los fragmentos **d)** y **g)** porque, aunque están temáticamente relacionados, no se pueden insertar en ningún momento en el texto.

Tarea 5, p. 51

25-c) Cuando negamos una información para corregirla, usamos *sino* y no *pero*, ya que *pero* se usa para poner *un obstáculo* a la afirmación que se hace sin negarla, por lo que se descarta la opción **a)**. También descartamos **b)**, porque *pues* introduce una cláusula consecutiva y no tiene sentido aquí; **26-c)** La expresión *ponerse a hablar* nos habla de una acción puntual que en este caso está en pretérito perfecto simple por ser una acción. Se descartan tanto **b)** como **c)** porque no es una descripción ni se refiere a una acción pasada anterior a otra pasada; **27-a)** El hecho de haber vivido en Japón es la causa de que hable bien japonés y *como* introduce una causa. Descartamos **b)**, porque *así que* sería correcta si invirtiéramos el orden de la frase, ya que habla de una consecuencia: *Vivió en Japón de pequeño, así que habla muy bien japonés,* **c)** tampoco es correcta, porque no se trata de una oración temporal; **28-b)** *Tan* es la primera parte de la comparativa *tan... que* y necesita un adjetivo. Descartamos **a)**, porque *tanto... como* se utiliza en el caso de verbos: *Trabaja tanto como yo*, y **c)** porque *mucho* es un adverbio de cantidad que no se usa para comparar; **29-c)** *Tener planes* funciona como un verbo de deseo y cuando expresamos deseos para uno mismo se utiliza el infinitivo. Se descartan, por tanto, las opciones **a)** y **b)**; **30-b)** Este pronombre se refiere a Ricardo y funciona como complemento indirecto, por lo cual descartamos **a)** porque no tiene sentido y **c)** porque *lo* se refiere a lo que se escribe y sería un complemento directo y no a la persona a la que se escribe.

COMPRENSIÓN AUDITIVA

Tarea 1, p. 52

1-c) Lorena deja un mensaje muy formal, en persona *usted*, con lo cual parece que se dirige a alguien superior, además dice que ha hecho lo que le ha mandado, entendemos, pues, que trabaja para ella y que puede ser su secretaria. Descartamos la opción **a)** porque no se suele trabajar para un compañero, a no ser que sea un favor y no se le trata de *usted* generalmente, y **b)** porque la secretaria es Lorena, no Aurora; **2-b)** Alonso llama en respuesta a una pregunta que le hizo Ricardo sobre la posibilidad de un trabajo para su hermano; **3-a)** La secretaria afirma que se pondrá en contacto con ella, con lo cual tiene que esperar su llamada. Descartamos las opciones **b)** y **c)** porque la secretaria ha cancelado la cita, así que no tiene que ir a ver al señor Márquez y lo que tiene que esperar es una nueva llamada para concertar otra cita; **4-c)** Jaime pide a Jorge que pase por el despacho de un profesor y le diga que el lunes le lleva el trabajo, es decir, que le dé un mensaje de su parte. Descartamos **a)** porque no hizo el examen, con lo cual no debería necesitar ninguna información sobre él, además porque en lugar del examen tiene que hacer un trabajo, y **b)** porque se habla de *un trabajo para el profesor* de Documentación y porque no necesita ayuda con ese trabajo, ya lo tiene hecho; **5-c)** Susana necesita saber los horarios de matrícula y no puede mirar en Internet porque tiene estropeado el ordenador. Descartamos **a)** porque dice que ella va al médico, pero no le pide que vaya con ella, y **b)** porque solo quiere saber el horario de matrícula, ya que termina el plazo, no le pide que se la haga; **6-c)** Le dice que no olvide que mañana hay reunión. Descartamos **a)** y **b)** porque nada se menciona de un cambio de horario y sí le dice que el jefe se enfada ante los retrasos, no que ya esté enfadado.

Tarea 2, p. 53

7-c) Alfonso dice que se puso un traje clásico, pero que en la oficina todos llevaban ropa informal; descartamos **a)** porque, al contrario, dice que llegó muy puntual y **b)**, porque dice que tenía preparada la ropa del día anterior; **8-b)** El protagonista comenta que Evelina le pareció *antipática*. Descartamos **a)** y **c)**, porque Alfonso afirma que Evelina le *ayudó mucho* y que *ahora son amigos*; **9-a)** Alfonso explica que en la entrevista de trabajo había afirmado que su inglés era perfecto, pero se sobreentiende que no era así, porque se puso nervioso al ver que los manuales eran en inglés y además dice que le resultó difícil entenderlos en un primer momento. Descartamos **b)**, porque dice que, cuando se tranquilizó, pudo entender el manual y **c)**, porque se entiende que su inglés no es perfecto; **10-b)** Alfonso afirma que bajó con Evelina a tomar un café. Descartamos **a)**, porque se reunió con compañeros, pero de una manera informal, tomando café y **c)**, porque lo que hizo es aprovechar la oportunidad para informarse de cosas del trabajo; **11-a)** El protagonista afirma que dio *una mala imagen*. Descartamos **b)** porque lo que dice es que se concentró en cosas sin importancia en vez de en lo que debía y **c)**, porque, contrariamente, dice que su jefe fue comprensivo; **12-c)** Afirma que se informó sobre la empresa a través de un primo que había trabajado antes allí. Descartamos **a)**, porque lo que dice es que hizo esto siguiendo los consejos de una página de Internet, no que buscara la información en Internet y **b)**, porque el familiar había trabajado antes, pero no trabaja ahora allí.

Tarea 3, p. 54

13-b) La noticia afirma que *figuran (…) entre las de más calidad del mercado europeo*. Descartamos **a)** porque habla de *variables económicas,* pero no dice que sean económicas o baratas y también **c)**, porque no se afirma tal cosa; **14-c)** Se dice que ha puesto en marcha *un programa de voluntariado entre sus alumnos de Enfermería y Fisioterapia*. Se descartan las opciones **a)**, porque no solo se necesitan profesores, sino profesores y alumnos y **b)**, porque no se dice que necesiten aulas especiales, sino que los estudiantes necesitan ayuda cuando están en las aulas; **15-a)** Se dice que el concurso es *para designar al mejor docente del año*. Descartamos **b)**, porque lo que se dice es que en la fase actual del concurso se han elegido a los cuatro finalistas y **c)**, porque es *The Economist* quien da un premio no quien lo recibe; **16-a)** Se afirma que los estudiantes *dejan de lado las ciencias que (…) son cruciales para la economía*. Descartamos **b)**, porque se dice que en otros terrenos hay diferencias entre norte y sur de Europa, pero a la hora de elegir carreras científicas, actúan igual y **c)**, porque lo que se afirma es todo lo contrario; **17-c)** La noticia afirma que *los ministros de Educación europeos decidieron (…) unificar el sistema de certificación*. Descartamos **a)**, porque lo que dice es que muchos europeos cuentan con formación que luego no se les reconoce y **b)**, porque lo que dice es que con esta unificación se busca mejorar las posibilidades de empleo; **18-b)** Se dice que España es *el destino favorito* de los becarios del programa Erasmus. Se descarta **a)**, porque no se dice tal cosa y **c)**, porque se afirma lo contrario, es decir que *un idioma que hablan 400 millones de personas* es una de las razones de esta preferencia.

Tarea 4, p. 55

0-f) Afirma que estudió Biología, pero que ahora trabaja en la construcción; **19-d)** Dice que se fue a Irlanda a estudiar y allí obtuvo su primer trabajo; **20-i)** Afirma que ante la oferta de trabajo en Canarias, no se decidió, es decir, no la aceptó; **21-g)** Dice que se puso a buscar trabajo en cuanto terminó la carrera, pero que hasta ahora *no ha tenido suerte*; **22-j)** Dice que trabaja a través de Internet y que tiene su mesa en el dormitorio (no podemos aplicarle el enunciado **f)**, porque su trabajo como traductor médico sí que está relacionado con lo que estudió); **23-a)** Afirma que su trabajo como canguro solo le duró tres días; **24-b)** Afirma que empezó a trabajar como *dependiente*, que es un sinónimo de *vendedor*.

Tarea 5, p. 55

0-b) Claudia afirma que han estado muy ocupados en su oficina; **25-b)** Claudia menciona dos hijos: Álvaro y Alicia; **26-b)** Claudia dice que *las notas de esta evaluación han sido horribles*; **27-a)** Ernesto dice que su hijo es muy *tímido*; **28-c)** Ernesto habla de buscar *ayuda profesional* para su hijo, no para él; **29-b)** Claudia va a celebrar el cumpleaños de su hija; **30-a)** Ernesto dice: *Deja, deja, pago yo*.

Examen 4

COMPRENSIÓN DE LECTURA

Tarea 1, p. 62

0-e) Elena necesita una tarta, por tanto, debe ir a una pastelería; **1-j)** Lucas quiere comprar una nevera, así que debe ir a una tienda de electrodomésticos; **2-b)** Lucía necesita unas deportivas, por eso debería ir a una zapatería; **3-g)** Vicente piensa regalarle una pulsera a su novia, debe ir a una joyería; **4-h)** Marta ha pensado llevar una botella de cava, que es un tipo de vino espumoso, por eso tiene que ir a una vinoteca donde son especialistas en este tipo de bebidas; **5-d)** Gerardo necesita comprar bombones, así que debe ir a la chocolatería; **6-a)** Charo puede comprar un ramo (de flores) en la floristería. Descartamos **c)**, porque nadie habla de comprar juguetes; **f)**, porque nadie quiere comprar ropa; e **i)** porque nadie necesita libros.

Tarea 2, p. 64

7-a) El texto afirma que muchos españoles aún *no se sienten cómodos haciendo sus transacciones bancarias por Internet*. Descartamos **b)** porque, al contrario, se afirma que España *sigue por detrás del resto de la Unión Europea* y **c)**, porque el texto afirma lo contrario, es decir, que ha subido un 4% más que el año anterior; **8-b)** Según el texto el *perder el contacto humano* es una de las causas de que los españoles no acepten la banca *on-line*. Descartamos **a)**, porque lo que dice es que se considera la banca *on-line* como más insegura, no la banca tradicional, y **c)**, porque, por el contrario, se está afirmando que la gente rechaza hacer operaciones a través de Internet; **9-c)** En el texto se enumeran diferentes ventajas tanto para los clientes como para las entidades. Descartamos **a)**, porque el texto afirma que las ventajas *superan con creces* a los inconvenientes; y **b)**, porque los horarios son tan solo una de las ventajas que se mencionan; **10-a)** Se afirma en el texto que la banca *on-line no suele cobrar comisiones* sobre algunos de sus productos. Se descarta **b)** porque además de decir que no cobra algunas operaciones, menciona que en el tema de las hipotecas los precios suelen ser más bajos, y **c)**, porque lo que dice es que las transacciones son gratuitas hasta un máximo de 50 000 euros; **11-c)** Se dice que *cada entidad financiera adopta alguna medida* antiphising y se enumeran algunas de ellas. Se descarta **a)** porque el texto afirma que *continúa siendo otro de los puntos que más afecta a los usuarios,* y **b)** porque se afirma lo contrario, es decir, que *ha mejorado muchísimo en los últimos años;* **12-a)** En el texto se aconseja *no realizar ninguna operación de banca electrónica en equipos públicos*. Descartamos **b)** porque lo que dice es que uno de los peligros es que alguien robe las claves del usuario utilizando una dirección parecida a la del banco, y **c)** porque lo que aconseja es *teclear la dirección web* cada vez.

Tarea 3, p. 66

13-b) Pedro afirma que le *quedan un par de años para acabar la carrera*, es decir, los estudios universitarios; **14-c)** Cristina dice que encontró que no tenía saldo en su cuenta el 25 del mes y que no es la primera vez que le pasa; **15-a)** Aurora dice que le gustaría alquilar o comprar un apartamento y que *echa de menos más libertad*; **16-c)** Cristina dice que tuvo que pedir dinero prestado a su hermana; **17-b)** Pedro dice que sus amigos y él tienen pensado ir a Portugal el próximo verano; **18-a)** Aurora dice que es muy *cuidadosa con su dinero*, que solo compra lo que necesita y casi nunca come fuera.

Tarea 4, p. 67

19-e) El texto habla de realizar una *hoja con las entradas y las salidas* y en el fragmento se informa de la finalidad de esto: *Así podremos llevar un total control del dinero que entra en casa y de los gastos*; **20-a)** En el texto se habla de la necesidad de hacer *una lista de la compra* y en el fragmento se explica lo que debemos hacer *una vez hecha la lista*, con lo cual esta es la pista para conectar los dos textos; **21-g)** En el fragmento se habla de los inconvenientes de pagar con tarjeta y el texto continúa aconsejando precisamente sobre esto y la conveniencia de pagar en efectivo; **22-c)** En el texto se habla de la influencia del estado físico o de ánimo a la hora de comprar y en el fragmento aparecen algunos ejemplos: *cuando vamos con el estómago vacío, cuando estamos tristes o demasiado alegres*; **23-d)** En el texto se está hablando sobre temas de *vestuario* y se aconseja hacer un presupuesto para ello y el fragmento **d)** menciona la palabra *ropa* y habla de una buena técnica refiriéndose a hacer un *presupuesto*, ya que habla de gasto al mes; **24-f)** En el texto se habla de ventilar la casa solo diez minutos y en el fragmento se dice que son suficientes para renovar el aire. Descartamos **b)** y **h)**, porque aunque están relacionados temáticamente con el texto, no se pueden insertar coherentemente en ningún punto.

Tarea 5, p. 69

25-a) El verbo *poder* en pretérito perfecto simple expresa una acción puntual o ligeramente posterior a la del verbo anterior, *intenté*. Descartamos **b)** porque esta acción no es anterior a la otra, que es lo que expresa el pretérito pluscuamperfecto: una acción anterior a otra también en el pasado, y **c)** porque el marcador temporal es *el otro día* y es un marcador de pretérito perfecto simple y no de pretérito perfecto compuesto; **26-b)** El verbo *saber* se usa para referirse a una información, que es lo que hay aquí. Descartamos **a)**, ya que *conocer* se usa normalmente para lugares y personas y **c)**, porque *aprender* significa *adquirir un conocimiento*; **27-c)** En las oraciones comparativas se usa la preposición *de* con las expresiones de números y cantidades, por lo cual descartamos **a)** y **b)**, porque, además, con el comparativo de superioridad e inferioridad en ningún caso se usa *como*; **28-b)** Al tratarse de una pregunta indirecta sin pronombre interrogativo y con opción de respuesta *sí/no*, hay que usar el nexo *si*, por lo cual descartamos **a)** y **c)**; **29-c)** Usamos el pronombre *le*, ya que se refiere a una persona y hace la función de complemento indirecto, puesto que el complemento directo sería *dinero*, es decir, lo que pide prestado. Descartamos **a)**, ya que en este caso el pronombre reflexivo no tiene sentido y **c)**, porque *la* es un complemento directo y no es posible por la razón dada anteriormente; **30-a)** Al tratarse de una acción futura e ir con el marcador temporal *en cuanto* necesita un subjuntivo, por lo que descartamos **b)** y **c)**.

COMPRENSIÓN AUDITIVA

Tarea 1, p. 70

1-b) Se menciona que el lunes la oferta es en lavadoras y secadoras, el martes, en frigoríficos y congeladores y el miércoles, en cocinas y microondas, es decir, hay diferentes ofertas cada día. Descartamos **a)** porque el 25 % se refiere solo a una marca de lavadoras y **c)**, porque en ningún momento se afirma tal cosa; **2-b)** El aviso dice que son las 18:45 y que *hoy* se cierra a las 19 por ser 24 de diciembre. Descartamos **a)** porque se habla del *horario habitual*, es decir, no hay cambio de horarios y **c)**, porque se despiden *hasta pasado mañana*; **3-a)** Deben ir abajo, a la planta inferior, *al sótano*. Descartamos **b)**, porque se dice que se dirijan a los empleados del Departamento de Atención al Cliente y no a cualquier empleado del establecimiento, y **c)** porque Diego es el nombre del niño que se ha perdido; **4-b)** Dice que se consigue en el Departamento de Atención al Cliente. Descartamos **a)** porque a través de la página web solo se puede consultar la lista de establecimientos donde se puede usar la tarjeta, y **c)** porque se afirma que se debe usar la tarjeta al pasar por caja; **5-a)** Se dice que tiene *el fin de recoger fondos* para la construcción de hospitales infantiles. Descartamos **b)** porque se afirma que la ministra acudirá a la inauguración, pero no se dice que se le haga ninguna recepción, y **c)** porque lo que dice es que en el bazar habrá artesanía, pero no afirma que proceda de diferentes países; **6-c)** Habla de *reapertura* tras los trabajos de renovación; por tanto descartamos **a)**, puesto que no es una nueva tienda y **b)**, porque lo que dice es que dará un regalo a las primeras cien clientas del día.

Tarea 2, p. 71

7-a) David dice que *no le faltaban motivos y explicaciones*. Descartamos **b)**, porque se afirma que también compraba para sus hijos y su marido, y **c)**, porque, al contrario de lo que afirma la respuesta, ella daba explicaciones *que sonaban muy razonables*; **8-c)** David afirma que pensó que si aquello seguía así, que quizá tendrían *problemas en llegar a fin de mes*. Se descarta **a)**, porque afirma que ambos tienen buenos trabajos, y **b)**, porque David asegura tener una buena situación económica; **9-b)** David explica que reconoció los síntomas leyendo un artículo de una revista, con lo cual fue él quien se dio cuenta. Descartamos **a)**, por la misma razón de antes, y **c)**, porque se afirma que leyó el artículo mientras esperaba en la consulta del médico, no que fuera el médico el que le informara del problema; **10-b)** En el audio se afirma que es un problema que afecta más a las mujeres independientemente de la clase social a la que pertenezcan, es decir, de todas clases sociales. Se descartan por tanto las opciones **a)** y **c)**; **11-a)** David dice que consultó a un psicólogo, es decir, a un profesional. Descartamos **b)**, porque solo se menciona que el psicólogo, es vecino de su hermano; y **c)**, porque no se dice tal cosa; **12-b)** David explica que fue difícil convencer a su mujer de ir al psicólogo, ya que tampoco le podía comentar su situación, por lo que se descarta **a)**. También descartamos **c)** porque fue el marido el que pidió ayuda a su suegra.

Tarea 3, p. 72

13-b) La noticia afirma que *será un evento anual*. Descartamos **a)** porque se afirma que es el *primer encuentro*, es decir, es la primera vez que tiene lugar, y **c)** porque dice que se celebra en Ciudad de México, lo único que dice es que sigue *una tendencia mundial*; **14-c)** En la noticia se informa del ritmo de creación de empleos (es decir, aumenta la creación de empleo) en *diversas industrias del estado*. Descartamos **a)** y **b)**, porque en el audio sí se habla del aumento; **15-b)** La noticia afirma que el porcentaje de aumento es *menor al del año pasado*. Descartamos **a)**, porque habla explícitamente de dos zonas A, con un salario mínimo y B, con otro diferente; y **c)**, porque se habla de cantidades diarias no mensuales; **16-a)** En la noticia se habla de *la industria de la vestimenta, alimenticia, plásticos y maderas*, es decir, diferentes industrias. Descartamos **b)**, porque se afirma que se celebra en México y no en Perú y **c)**, porque lo que dice es que se espera que se produzcan inversiones superiores a los diez millones de dólares, no que este sea el coste del evento; **17-c)** En la noticia se afirma que en abril Walmart abrió once tiendas y, en lo que va de mayo, ha abierto cinco más. Descartamos **a)**, porque dice que también opera o está presente en el resto de Centroamérica y **b)**, porque, por el contrario, afirma que en México *logró comercializar el mayor número de productos*; **18-a)** Se afirma en el audio que los precios se han *disparado* y que *el kilo de huevos, que antes se vendía a 20 pesos, ahora se paga a más de 30*. Descartamos **b)** porque a continuación dice que en otras zonas *roza los 40*, es decir, no es igual en todo el país, y **c)** porque, al contrario, se habla de subida; lo que ha bajado un 8 % ha sido la producción.

Tarea 4, p. 73

0-c) La persona afirma que odia hacer la compra; **19-h)** La persona dice que prefiere hacer las compras en las tiendas del barrio de sus padres en lugar de ir a las grandes superficies; **20-a)** La persona explica que no conduce y que tiene que ir andando a las tiendas; **21-d)** El que habla afirma que hace sus compras en un supermercado que tiene *servicio a domicilio*; **22-f)** La persona que habla afirma que hace las compras el primer domingo de cada mes; **23-j)** La mujer dice que su hermana le hace la compra todas las semanas; **24-b)** El hombre afirma que él compra la carne y el pescado y su mujer e hijos se encargan de otras cosas. Descartamos **e)**, **g)** e **i)**.

Tarea 5, p. 73

0-b) Miguel afirma que su trabajo está a dos paradas de su casa, por lo que suponemos que va a trabajar en metro; **25-c)** Él dice que trabaja desde hace años en el mismo banco aunque ha cambiado de sucursal y ella afirma haber encontrado recientemente trabajo, por lo que ninguno ha cambiado de trabajo; **26-c)** Carmen afirma tener una hija de veinte años y un hijo que entrará el próximo año en la universidad, con lo que ninguno de los dos es adolescente sino que son jóvenes; **27-b)** Miguel dice que su hijo se ha levantado hoy con fiebre; **28-c)** Carmen dice que su hija se va a estudiar a Francia el próximo año, pero no que tenga actualmente a ningún familiar viviendo en ese país; **29-a)** Carmen afirma que no le gusta pagar con tarjeta y que prefiere pagar con dinero, es decir, en efectivo; **30-a)** Carmen dice que ayer compró una lavadora.

Examen 5

COMPRENSIÓN DE LECTURA

Tarea 1, p. 80

0-g) Lucía se queja de migrañas y el texto dice que el aceite de anís sirve para aliviar el dolor de cabeza; **1-a)** Alberto tiene una quemadura en la mano porque ha tocado una cacerola demasiado caliente y el aloe vera se usa para las quemaduras; **2-f)** Diana se queja de tener los ojos irritados y la manzanilla sirve para las inflamaciones oculares; **3-h)** Luis siente pesadez de estómago y el poleo se usa para ayudar en las digestiones pesadas; **4-c)** Lidia dice estar histérica y teme no poder dormir y en el texto se afirma que la tila tiene propiedades tranquilizantes y que ayuda a dormir; **5-d)** Carlos ha andado mucho con unos zapatos incómodos y está muy cansado y según el texto del romero, su aceite alivia el cansancio; **6-j)** Rosa cree que tiene catarro y el texto sobre el jengibre afirma que este sirve, entre otras cosas, para combatir el resfriado. Descartamos los textos **b)**, **e)** e **i)**.

Tarea 2, p. 82

7-a) El texto dice: *la mujer vive más que el hombre, pero su mayor longevidad se acompaña de discapacidad y mala salud*. Descartamos **b)**, porque lo que dice es que los *accidentes del hogar* pueden tener un impacto negativo sobre su salud y **c)**, porque lo que dice es lo contrario, que ella cuida a los otros miembros de la familia; **8-b)** Se afirma que el informe parte de *un concepto amplio de salud que incluye el bienestar emocional, social y físico*. Se descarta **a)**, porque en el texto nada se dice sobre la tasa de natalidad, y **c)** porque lo que afirma es sobre la esperanza de vida al nacer, no sobre una mejor salud al nacer; **9-b)** El texto dice que *el cáncer es la primera causa en años potenciales de vida perdidos*, es decir, que es la enfermedad que más acorta la esperanza de vida. Descartamos **a)** porque no dice esto en ningún momento y **c)** porque la primera causa de muerte son las enfermedades del sistema circulatorio; **10-c)** El texto afirma que la mujer tienen una *percepción más negativa sobre su propia salud que el hombre*. Descartamos **a)** y **b)** porque lo que se afirma es que cuanto más bajo es el nivel económico y educativo de la mujer, más negativa es su percepción de su propia salud; **11-b)** El texto expone que es mayor la posibilidad de que una mujer *vea limitada su actividad* por causa de un problema crónico de salud. Descartamos las opciones **a)** y **c)** porque no se dan estos datos en el texto; **12-c)** En el texto se afirma que los hombres consiguen dejar el hábito de fumar *más que ellas*. Descartamos **a)** porque lo que se afirma es lo contrario, es decir, en relación a los hombres, la cantidad de mujeres que fuma es menor y **b)** porque, aunque dice que la mujer en general tiene hábitos más saludables que el hombre, *esto está cambiando en la población más joven*.

Tarea 3, p. 84

13-c) Pilar afirma que cuando era joven se hizo vegetariana; **14-a)** Elvira dice que nunca le ha gustado el deporte y nunca había hecho ejercicio hasta ahora que el médico se lo ha recomendado; **15-b)** Alfonso dice que está buscando a alguien que quiera jugar con él, es decir, busca compañero; **16-a)** Elvira afirma que los antiinflamatorios empezaron a hacerle daño en el estómago, es decir, tenían efectos secundarios; **17-c)** Pilar comenta que *cuando era joven, estaba muy preocupada por llevar una vida saludable*; **18-a)** Elvira afirma que en su trabajo pasa *horas y horas sentada delante del ordenador*, es decir, su jornada es bastante larga.

Tarea 4, p. 85

19-e) En el texto se habla de la primera vez que Fernando probó *el tabaco* y en el fragmento **e)** se dice al respecto que no le gustó *su sabor*; **20-a)** En el texto se afirma que Fernando era fumador ocasional y que no compraba cajetillas, pero que a los diecisiete años compró la primera y en el fragmento **a)** se dice que *este factor* (comprar su propio tabaco) significó un notable aumento en su consumo; **21-h)** El texto afirma que *Fernando estaba expuesto al humo liberado por cigarros en otros espacios* y en el fragmento se amplía la información diciendo que *uno de ellos* (se refiere a espacios) era su casa; **22-f)** En el texto se dice que a pesar del alto número de jóvenes adictos al tabaco, muy pocos son tratados de esta adicción y el fragmento **f)** explica la causa de esto y dice que *se debe a la tolerancia que las sociedades tienen a esta adicción*; **23-b)** El texto afirma que en México *el tabaco es considerado (...) menos dañino que otras drogas*, y en el fragmento **b)** se expresa una oposición a esta idea y se dice que *sin embargo, su consumo* (se refiere al tabaco) *a temprana edad no solo produce enfermedades, sino que aumenta las probabilidades de usar otro tipo de drogas en el futuro*; **24-d)** El texto afirma que *las moléculas de nicotina van directamente a los receptores de las neuronas* y el fragmento explica las consecuencias de este hecho diciendo que *De este modo, se establece el ciclo de la tolerancia, adicción y abstinencia a la nicotina*. Descartamos **c)** y **g)** porque, aunque tienen una relación temática con el texto, no se pueden enlazar directamente con ninguna de sus partes.

Tarea 5, p. 87

25-b) La respuesta correcta es *sin embargo*, porque la idea que sigue se opone a la anterior. Descartamos **a)**, porque no es la causa de lo anterior y **c)**, porque no es la consecuencia; **26-c)** Elegimos el verbo *sentar mal* porque el sujeto de la frase es *todo*. Descartamos **a)** porque es el verbo *sentir* y no *sentar* y necesita un sujeto personal que no puede ser *todo*, lo mismo ocurre con *encontrarse*; **27-b)** El verbo *ir* cuando expresa dirección *hacia* va con la preposición *a*. Descartamos la opción **a)** porque la preposición *en* sería válida si fuera seguida de un medio de transporte, y **c)** porque la preposición *hasta* sería correcta, pero en otros contextos, como el de la delimitación espacial; **28-a)** La respuesta correcta es el pretérito pluscuamperfecto porque además de aparecer el marcador *nunca* (que también va con pretérito perfecto compuesto) la frase está en pasado y expresa que Laura no había tenido esa experiencia anteriormente, pero que ya la ha tenido. Descartamos **b)** porque el uso del pretérito perfecto compuesto indicaría que aún no ha tenido esta experiencia, y **c)** porque se está refiriendo al futuro y con el marcador *nunca* significaría que no lo va a hacer y sin embargo acaba de contar que sí lo ha hecho; **29-b)** La perífrasis *seguir* + gerundio expresa la continuidad de algo. Descartamos las opciones **a)** y **c)** porque no tienen sentido, ya que *seguir* no puede ir con infinitivo ni con un verbo en forma personal; **30-c)** El verbo *querer* es un verbo de deseo y va con subjuntivo cuando expresa un deseo para otra persona, con lo cual **c)** es la única opción válida.

COMPRENSIÓN AUDITIVA

Tarea 1, p. 88

1-c) Le dice que se pase *por la farmacia* y le explica que necesita más aspirinas. Descartamos **a)** porque lo que dice es que aproveche el momento de ir a comprar el periódico para comprarle a ella las medicinas y **b)**, porque lo que explica es que hay una farmacia junto a la frutería; **2-b)** El hombre dice que el nuevo gimnasio está a *cinco minutos a pie*. Descartamos **a)** porque dice lo contrario, que el nuevo no es tan grande como el suyo actual y **c)** porque dice que de precio son similares; **3-a)** La mujer que habla dice que ha quedado con su madre para ir al doctor. Descartamos **b)**, porque dice que no va a poder ir al cine, y **c)** porque lo único que se menciona sobre el trabajo es que su hermano tiene mucho y que por eso no puede acompañar a su madre; **4-b)** Juan llama para preguntar por el nombre de una crema. Descartamos **a)**, porque lo que menciona es que David usó en el pasado esta crema para la rodilla, y **c)** porque lo que le explica es que se ha lesionado jugando al tenis; **5-b)** La asistente llama para *recordarle que esta tarde tiene cita*, por tanto descartamos **a)** y **c)**; **6-b)** Rodrigo dice que *hoy* no va a ir a trabajar, porque piensa que si se queda tres días en casa se sentirá bien el lunes y podrá asistir a la cita que tiene programada para ese día, por tanto está hablando un viernes.

Tarea 2, p. 89

7-b) Amelia comenta que *en casa teníamos hábitos bastante buenos de alimentación*. Descartamos **a)**, porque los síntomas de cansancio aparecen cuando está en la universidad, con lo cual no es una niña y **c)**, porque la protagonista afirma que no le interesaba la comida; **8-c)** Amelia menciona que fue a Madrid porque en su ciudad no había la *carrera* (estudios universitarios) que ella quería. Descartamos **a)** y **b)** por la razón anterior; **9-a)** La protagonista dice que aquella era la primera vez que se separaba de su familia y que le fue difícil responsabilizarse *en todos los aspectos*, por lo que *empezó a comer de un modo bastante desordenado*. Descartamos **b)** porque lo que dice de una de sus compañeras es que aportaba una carne estupenda y **c)**, porque, por el contrario, afirma que le gusta la fruta; **10-b)** Amelia dice que cuando llegaron los exámenes sentía cansancio, se mareaba y le dolía la cabeza, es decir, empezó a sentir los primeros síntomas. Descartamos **a)** porque no dice que se sintiera normal sino que le pareció normal, debido al cansancio por los estudios; también descartamos **c)** porque dice que pasaba horas estudiando; **11-c)** Amelia afirma que se dio cuenta de que no podía nadar al mismo ritmo que lo hacían sus amigas, a pesar de que ella había sido *la mejor nadadora del grupo*. Descartamos **a)** porque solo dice que fue con sus amigas a la piscina y **b)** porque lo que dice es que le decían que estaba muy blanca, pero ella lo consideraba normal; **12-c)** Amelia dice que se notaba que su cara tenía mejor color. Descartamos **a)** porque dice que el efecto fue gradual y **b)** porque afirma que el doctor también le dio una dieta.

Tarea 3, p. 90

13-b) La noticia afirma que el próximo congreso internacional se celebrará en Colombia, por tanto, descartamos **a)** y **c)** porque lo que se dice es que la razón de haber empezado a celebrar este evento fue el bajo consumo de frutas y verduras en el país; **14-c)** En la noticia se dice que *en el cuarto lugar se ubica la mejor institución colombiana del* ranking, es decir, el hospital ocupa el cuarto puesto. Descartamos **a)** porque la noticia dice que hay diecisiete hospitales colombianos en ese *ranking* y **b)** porque es una institución brasileña la que ostenta el primer puesto; **15-c)** La noticia afirma que se prevé que la problemática de la inactividad siga en aumento. Descartamos **a)**, porque tan solo se dice que está en el sexto lugar entre los otros países latinoamericanos y **b)**, porque lo que se afirma es que es el cuarto factor; **16-b)** La noticia dice que Colombia *se consolida como destino para tratamientos médicos* y menciona a gente que viene *de otros países*. Descartamos **a)**, porque no son los colombianos los que salen al extranjero, sino lo contrario, y **c)** porque menciona a estos países para decir que es de ellos de donde más pacientes proceden; **17-b)** En la noticia se afirma que los síntomas de la HPN son similares a los de otras enfermedades. Descartamos **a)** porque se habla del número de afectados mundiales, no solo en Colombia y **c)** porque lo que afirma es que el tratamiento todavía no puede ser adquirido en Colombia; **18-a)** Según la noticia, la Secretaría de Salud ha pedido que solo se vacunen los que viajen fuera del país o a zonas de riesgo dentro del país. Descartamos **b)**, porque se dice que es un problema a nivel mundial y **c)** porque sobre la fiebre amarilla solo se dice que hay escasez de vacunas, pero no que haya un problema de fiebre amarilla.

Tarea 4, p. 91

0-g) La persona que habla dice que está *estupendamente,* es decir, que su salud es buena; **19-h)** La mujer dice que es perezosa para hacer ejercicio sola y que por eso está intentando convencer a alguna amiga para inscribirse juntas en el gimnasio; **20-a)** El hombre afirma que su trabajo como traductor lo obliga a pasar mucho tiempo frente al ordenador y esto está afectando a su salud; **21-j)** La señora dice que no tiene *tiempo para nada* y que su médico le ha recomendado *hacer algún tipo de ejercicio*, de lo cual se desprende que no hace ejercicio; **22-c)** El señor comenta que se ha jubilado y que ahora se siente viejo y le duele todo; **23-d)** La persona afirma que tuvo una hepatitits muy fuerte cuando era niña, es decir, durante su infancia; **24-f)** El hombre afirma que va al gimnasio *todos los martes y los jueves*. Descartamos por tanto **b)**, **e)** e **i)**.

Tarea 5, p. 91

0-b) Según la exclamación de Carlos, Loli trae bastantes bolsas y habla del supermercado y de que hace la compra una vez por semana; **25-a)** Carlos dice que sus hijos no comen verdura y que prefieren las hamburguesas con patatas, por lo que piensa que comen mal; **26-c)** Carlos dice que es la madre de Marisa la que ha tenido problemas de salud y que la han operado; **27-b)** Loli cuenta que cuando era pequeña no le detectaron a tiempo una peritonitis, lo cual es un error; **28-a)** Carlos afirma vivir en la puerta de al lado de los vecinos del quinto piso; **29-b)** Loli dice que no le molesta el ruido, porque se acuesta a las 00:30 o 1; **30-c)** Loli aconseja a Carlos hablar con los vecinos y Carlos afirma que es eso lo que piensa hacer.

Examen 6

COMPRENSIÓN DE LECTURA

Tarea 1, p. 98

0-c) Victoria quiere ir al mar y necesita un lugar donde su bebé pueda dormir y puedan prepararle su comida a sus horas. El lugar más apropiado parece el del texto **c)**, ya que al ser un apartotel te puedes sentir *como en tu casa, disfrutando al mismo tiempo de los servicios de un hotel* y además tiene una cocina completa donde preparar la comida del bebé; **1-f)** Eduardo quiere hacer turismo cultural y el hotel Guadalimar, cercano a la Alhambra y al centro histórico de Granada, parece el más apropiado; **2-a)** Nela quiere ir a la costa, pero necesita algo barato y el *camping* del texto **a)**, además de estar junto a la playa, ofrece precios *muy económicos*; **3-i)** Antonio busca *vida nocturna* y el hotel Jardín de las Delicias afirma ser ideal para quienes buscan diversión y está cerca de salas de fiesta y discotecas; **4-e)** Alicia quiere *relajarse y no hacer nada* y el hotel Estrella de Mar, con actividades para niños, parece el más apropiado. Además ella dice tener dos perros y en este hotel se admiten *animales de compañía*; **5-b)** Pedro dice explícitamente no querer playa ni lugares turísticos, sino disfrutar de la naturaleza y el cortijo La Huerta, situado junto a un río y un bosque, parece perfecto para él; **6-h)** Marian afirma ser aficionada a los deportes acuáticos y en Los Corales ofrecen *buceo y pesca submarina*. Descartamos el texto **d)**, porque todas las personas buscan lugares de vacaciones y el hotel Aeropuerto parece más bien orientado a viajes de negocios. También se descarta el texto **g)**, porque el hotel A vista de pájaro parece orientado a deportes tales como parapente y ala delta que nadie menciona. También descartamos **j)**, porque aunque podría ser apropiado para Alicia, *no se admiten animales* y ella dice que va a todas partes con sus perros.

Tarea 2, p. 100

7-c) En el texto se dice que *es indispensable que tenga buena salud* y se recomienda llevarlo al veterinario antes de salir. Descartamos **a)**, porque lo que dice es que *es indispensable que tenga buena salud,* no que sean los viajes los que les afecte a la salud y **b)**, porque lo que dice el texto es que hay que asegurarse *de que tiene todas las vacunas que pueda necesitar*; **8-b)** En el texto se afirma que tu mascota *puede necesitar un montón de cosas que luego quizá no puedas conseguir fácilmente*, de ahí que sea conveniente comprar o llevar aquello que puede ser difícil de conseguir. Descartamos **a)**, porque lo que dice es que en algunos destinos te será difícil encontrar algunas cosas para tu perro, pero no te aconseja que los descartes por eso y también **c)**, porque lo que dice es que te asegures de *llevar alimentos suficientes para el viaje completo* que no es lo mismo que alimentarlo bien; **9-b)** El texto aconseja *no llenar el coche de cosas innecesarias* que suelen ser las que hacen que llevemos mucho equipaje. Descartamos **a)**, porque lo que dice es que hay que *crear en el coche un lugar donde se sienta seguro* y *lógicamente, cuanto mayor sea tu coche, más fácil será*, pero no afirma que solo se pueda viajar con perros en coches grandes. También descartamos **c)** porque no afirma en ningún momento que sea peligroso viajar con perros; **10-a)** El texto aconseja informarse sobre *qué hoteles admiten mascotas* porque hay alojamientos que no las admiten. Descartamos **b)** porque dice que en diferentes países puede haber diferentes regulaciones respecto a vacunas, pero no que haya países que prohíban llevar perros y **c)** porque recomienda buscar información respecto a los hoteles y su política de admisión de animales en Internet, pero no habla de reservar el hotel *online*; **11-b)** El texto recomienda evitar que el perro *se ponga nervioso*, para lo cual dice que hay que desconectar los altavoces traseros, si el perro va en esa parte, *porque los sonidos le afectan mucho más que a los humanos*. Descartamos **a)** porque tan solo recomienda desconectar los altavoces de atrás, no dice que no se ponga la radio y **c)**, porque se habla de conducir con cuidado para evitar poner nervioso al perro, no dice en ningún momento que el conductor evite ponerse nervioso; **12-c)** Dice que es bueno que *pasee al menos quince minutos cada mañana*. Descartamos **a)**, porque aunque habla de parar en las áreas de descanso, no dice que tenga que ser por quince minutos, y **b)**, porque la idea que se desprende del texto es que conseguir que el perro se adapte al viaje por carretera supone un esfuerzo, por lo tanto, no es algo fácil.

Tarea 3, p. 102

13-c) Miguel dice que normalmente viajan fuera y que en años anteriores ha estado en Turquía y Grecia; **14-a)** Ernesto afirma que piensan *repetir el próximo año*, es decir, quieren volver a Cantabria; **15-c)** Miguel afirma que *hemos reservado un pequeño apartamento*, es decir, van de alquiler*;* **16-b)** Gloria dice *como cada año*; **17-a)** Ernesto escribe que *el único inconveniente fue la lluvia*, es decir, tuvo mal tiempo; **18-b)** Gloria dice que pensaban ir a Portugal, pero no pudieron porque su marido se rompió una pierna, con lo cual tuvo que cambiar de planes.

Tarea 4, p. 103

19-d) El texto, en este párrafo, se está refiriendo al *cambio climático causado por la actividad humana*, así que la continuación lógica es el fragmento **d)**, en el que, se dice que, en este sentido, el término *cambio climático* es sinónimo de *calentamiento global antropogénico*, o sea, creado por el hombre; **20-h)** En el texto se acaba de mencionar el *aumento* de la temperatura, y el fragmento seleccionado afirma que *nadie pone en duda este aumento* y continúa diciendo que lo que todavía genera controversia es su causa, enlazando con lo que viene después del hueco **20**, que se refiere a la opinión de la comunidad científica sobre *a qué se debe* este cambio; **21-a)** En el texto se acaba de hablar de la opinión de la *comunidad científica* y el fragmento **a)** afirma que *estas conclusiones son avaladas por las academias de ciencia*; **22-f)** El texto acaba de mencionar los *cambios* que se están observando a nivel mundial, y el fragmento **d)** empieza diciendo: *Dichos cambios incluyen...*; **23-b)** En el texto se acaba de hablar de algunas *consecuencias* del cambio climático y en el fragmento **b)** se continúa hablando de *otros efectos*; **24-e)** En el texto se menciona que *los sistemas naturales (...) no podrán sustentar a sus poblaciones circundantes* y el fragmento **e)** parafrasea la misma idea: *En pocas palabras, no habrá recursos naturales para mantener la vida humana*. Se descartan los textos **c)** y **g)**, porque, aunque hablan del mismo tema, no están directamente relacionados con ninguna parte del texto.

Tarea 5, p. 105

25-c) El verbo *llevar* va acompañado de la preposición *a*, en este caso, porque indica dirección. La opción **a)** sería correcta si hablamos de medios de transporte y **b)** no tiene sentido; **26-b)** Los adjetivos van con el intensificador *muy*. Descartamos **a)** y **c)** porque van con sustantivo; **27-c)** El verbo *llegar* se refiere aquí a una acción puntual en el pasado por lo que debe ir en pretérito perfecto simple, de ahí que descartemos las opciones **a)** y **b)**; **28-b)** Con el sustantivo *calor* se usa el verbo *hacer*. Descartamos **a)** y **c)** porque no pueden ir con sustantivos; **29-a)** *A lo mejor* es una expresión de probabilidad que siempre se usa con indicativo, de ahí que descartemos las opciones **b)** y **c)**; **30-a)** La expresión es *pasarlo bien/mal*.

COMPRENSIÓN AUDITIVA

Tarea 1, p. 106

1-b) En el anuncio se dice que hay que presentarse en las oficinas del club de 9:30 a 12:30. Se descarta la opción **a)**, porque la noticia dice que en la página web se puede encontrar más información, y la **c)** porque la excursión incluye una visita al Centro Medioambiental, pero no es el lugar de la inscripción; **2-b)** El anuncio menciona *interesantes descuentos*, es decir, que habrá cosas más baratas. Descartamos **a)**, porque el anuncio menciona que el envío es gratis para compras superiores a 50 € y **c)** porque los productos son los mismos que se encuentran en las tiendas; **3-a)** El anuncio habla de *ropa usada*, de poner a la venta ropa que no te pones. Descartamos **b)** porque se afirma que en las tiendas *se genera trabajo* (no ropa) para *personas con dificultades* y **c)**, porque no se menciona nada sobre diseño; **4-b)** El anuncio menciona que *como novedad, esta edición cuenta con magníficas fotos a todo color*. Descartamos **a)**, porque se dice que el orden alfabético es *como en ediciones anteriores* y **c)**, porque no se dice que haya más pueblos en esta edición; **5-c)** El anuncio habla de *cuatro tipos de tarifas*, es decir, diferentes precios. Descartamos **a)**, porque la noticia dice que, de momento, se orienta a destinos domésticos y **b)**, porque dice que la compañía *nace* ahora aunque su creación se anunció dos años atrás; **6-a)** En el anuncio se habla de *recomendaciones*. Descartamos **b)**, porque es la Agencia de Meteorología la que ha declarado una situación de alerta ante el mal tiempo, y **c)** porque esa es una de las recomendaciones dada a los ciudadanos.

Tarea 2, p. 107

7-b) Leo dice que su primo les *animaba a hacerlo*. Descartamos **a)**, porque usó la página web para hacer el intercambio, no para conocer la existencia de esta opción, y **c)** porque dice que en un primer momento su mujer *se resistía*; **8-c)** Leo explica que ellos pusieron unas condiciones y que *eso depende de cada uno*. Se descarta la opción **a)** porque ellos, concretamente, pusieron la condición de no fumar ni traer animales, lo que no significa que sean condiciones generales de los intercambios y **b)**, porque no se dice nada de condiciones difíciles; **9-a)** Leo afirma que para él lo más importante es *la comodidad de estar como en casa*. Descartamos **b)**, porque aunque dice que el ahorro es importante, para él *no es lo más importante*; **10-c)** Leo explica que *lo más importante es el contacto con los futuros inquilinos de tu casa*. Descartamos **a)**, porque dice que algunas webs ofrecen un seguro, lo que no significa que él lo recomiende, y **b)** porque afirma que intercambiar *es una cuestión de confianza, como cuando dejas la casa a un amigo*, pero no dice que tenga que ser solo entre amigos; **11-b)** Leo comenta que *hay que dejar claro todo tipo de detalles*. Descartamos **a)**, porque no es que haya que preguntar por las tiendas, sino que a él, una vez le dejaron la llave en una tienda y **c)** porque lo de los armarios libres es tan solo un ejemplo de las cosas que se pueden preguntar; **12-c)** Leo opina que es *muy conveniente* intercambiar también el coche. Descartamos **a)** porque aunque afirma que le resultó difícil, nunca ha tenido problemas, con lo cual se deduce que lo ha hecho y **b)** porque lo que dice es que el miedo a accidentes es lo que le preocupa a la hora de hacer intercambio de coche, y no que él tuviera un accidente de coche.

Tarea 3, p. 108

13-c) La noticia habla de *promocionar el turismo*, es decir, poner los medios para que aumente. Se descarta **a)** porque no dice que el ministro vaya a pasar allí el verano, sino que hay una *agenda muy intensa para el verano* y **b)**, porque *los buenos servicios* se mencionan, pero como una de las formas de atraer turistas; **14-b)** Han sido los *seguidores del sitio* (es decir, de la web) *Tripin Travel* los que han hecho la elección y también se habla de *internautas*. Se descarta **a)**, porque se menciona simplemente una noticia del diario *La Nación* y no que se haya votado a través de este diario y **c)**, porque se habla de *internautas de todas partes del* *mundo*, no solo argentinos; **15-a)** La noticia dice que, *hace aproximadamente un año, la empresa colocó una torre (...) con el objetivo de obtener los datos sobre los lugares apropiados para la instalación de generadores eólicos*. Se descarta **b)**, porque no se dice que el parque se haya construido, sino que se *realizará* y **c)**, porque el Gobierno Provincial destinó unas tierras a la construcción del parque, no se dice que la empresa las haya comprado; **16-b)** La noticia dice que debido a las obras en el aeropuerto Presidente Perón, *el aeropuerto Chapelco funcionará como alternativo*, es decir, tendrá un uso temporal. Se descarta **a)**, porque el *transporte terrestre* será para ir al otro aeropuerto, para tomar allí el avión y **c)** porque lo que hay que solicitar es la reserva del pasaje del servicio terrestre (que es gratis) con tiempo, pero no que vayan a viajar gratis en el avión; **17-c)** La noticia habla de *ampliación, más espacios verdes, nueva iluminación*, es decir, unas mejoras; descartamos **a)**, porque el balneario mencionado ya existía, por lo tanto no hay que construirlo, y **b)** porque se habla de que ya se han llevado a cabo otras iniciativas en distintas ciudades; **18-a)** En la noticia se dice que el gobernador visitó una obra para *la instalación de un sistema híbrido eólico diésel* y se afirma que este trabajo es realizado por la Global Sustainable Electricity Partnership, al igual que otro proyecto que visitó el miércoles, o sea, que la empresa tiene actualmente dos proyectos. Descartamos **b)**, porque se habla en presente del proyecto de Cochico y **c)** porque se habla de *pocos meses,* lo que hace entender que el trabajo marcha con rapidez.

Tarea 4, p. 109

0-d) La persona dice que fue *por trabajo*, con lo cual parece un viaje de negocios; **19-h)** La mujer afirma que *hace un montón de tiempo que no viajo*; **20-a)** El hombre dice *hemos vuelto hace nada*, es decir, acaba de volver; **21-j)** La mujer menciona su *viaje de novios*, es decir, su luna de miel; **22-b)** El nombre afirma que *todo fue mal*, así que se entiende que no lo pasó bien; **23-f)** La señora dice que *iba con muy pocas ganas, pero al final salió fenomenal*, así que lo pasó mejor de lo que pensaba o esperaba; **24-g)** El hombre dice que estuvo en una casita de sus abuelos, o sea, de sus familiares. Descartamos **c)**, **e)** e **i)**.

Tarea 5, p. 109

0-c) Elvira va en este momento a llevar plásticos al contenedor y Ramón dice *ahora que todos estamos convencidos de la importancia de reciclar* (...) a lo que Elvira responde que *Desde luego*, con lo cual, a ninguno de los dos le disgusta reciclar*;* **25-b)** Ramón dice que está en *la hora del café*; **26-a)** Elvira habla de *muchísima seguridad*, *páginas de confianza* y dice que hace muchas compras a través de Internet; **27-c)** Elvira afirma haber estado en Cancún y Ramón dice que ha estado varias veces en México; **28-b)** Ramón dice que tiene que comprar un bañador, una bolsa de aseo y unas gafas de sol; **29-a)** Elvira comenta que tiene que ir al supermercado; **30-c)** Elvira afirma que unos amigos van a ir a cenar a su casa, no que ella vaya a la casa de los otros.

Examen 7

COMPRENSIÓN DE LECTURA

Tarea 1, p. 116

0-h) Margarita dice que como ciudadana europea tiene la obligación de estar informada sobre lo que sucede en el continente y la noticia **h)** es la única que informa sobre el Parlamento Europeo; **1-g)** A Alberto le interesan las noticias culturales y la noticia **g)** comenta que un autor ha ganado un premio literario; **2-e)** Soraya afirma ser aficionada al cine clásico y el texto **e)** habla de la celebración de un ciclo de cine en blanco y negro; **3-j)** Rodrigo se interesa por las noticias de economía y el texto **j)** trata un tema financiero relacionado con la empresa Apple; **4-a)** Leonor prefiere leer noticias de sociedad y la noticia **a)** es de este tipo, ya que habla de una popular presentadora; **5-d)** Mario es aficionado al deporte, pero no le interesa el fútbol y la noticia **d)** trata de tenis; **6-b)** Marisa está interesada en temas ecológicos y la noticia **b)** trata sobre el calentamiento global. Descartamos **c)**, que trata de televisión, **f)**, que trata de salud, porque nadie afirma interesarse por esos temas, e **i)**, porque Mario, aunque es aficionado al deporte, afirma que no se interesa por el fútbol.

Tarea 2, p. 118

7-a) El texto afirma que la mayoría de las ciudades de esa época eran similares en algunos aspectos, con excepción de las ciudades indias. Descartamos **b)**, porque se afirma que las ciudades están muy vinculadas a la agricultura y no que haya un abandono de esta, y **c)**, porque se afirma que las primeras ciudades aparecen en diversos lugares de África y Asia; **8-b)** El texto dice que los romanos *sentaron las bases (...) que caracterizaron el urbanismo occidental* durante siglos. Se descarta **a)**, porque el texto afirma que Roma es la primera gran urbe de la historia, con lo cual no sería una ciudad poco poblada, y **c)**, porque lo que se menciona de las provincias se refiere a que el desarrollo de Roma se debió a los tributos que llegaban desde sus provincias, no que fundara muchas ciudades en ellas; **9-a)** El texto afirma que la ciudad experimentó un gran retroceso en Occidente y se habla de ciudades pequeñas. Descartamos **b)**, porque el texto afirma que *en el mundo islámico (...) las ciudades siguieron manteniendo un gran impulso*, lo cual hace pensar que eran importantes y **c)**, por la misma razón de la opción **b)**; **10-c)** En el texto se dice que en la Edad Moderna, *la ciudad refleja la grandeza del Estado*. Descartamos **a)** porque el texto afirma que *se intenta organizar el crecimiento urbano a partir de plantas regulares,* y **b)** porque se afirma que *todo gasto para embellecerla está bien empleado*; **11-a)** El texto asegura que la ciudad tras las Revoluciones francesa e Industrial *vuelve a cambiar acorde a los nuevos tiempos*, es decir, a los tiempos que corren. Descartamos **b)**, porque se menciona Londres como ejemplo de que la pobreza convive con la riqueza y **c)**, porque se habla de que en la ciudad hay zonas buenas, pero también hay lugares donde viven los trabajadores en condiciones miserables; **12-c)** El texto afirma que *los avances tecnológicos se suceden cada vez con mayor rapidez, configurando el paisaje urbano*. Descartamos **a)** porque el texto habla de megalópolis en la actualidad, pero sin mencionar que serán así en el futuro, al contrario se pregunta cómo serán las ciudades del futuro, y **b)**, porque lo que dice es que las grandes ciudades actuales han absorbido a los pueblos de los alrededores.

Tarea 3, p. 120

13-b) Marta afirma que odia conducir y que solo usa el coche en vacaciones, además menciona que vive en una zona bien comunicada y que tiene autobús y tren de cercanías; **14-a)** Miguel afirma que vive *a diez minutos en metro de su trabajo*; **15-c)** Jesús dice que *casi tuvo un infarto*, que es un problema de corazón; **16-b)** Marta habla de *seguir yendo en autobús, como hasta ahora*; **17-a)** Miguel afirma que tiene el coche *en el taller*, así que le pasará algo; **18-c)** Jesús afirma que va *a pie* a su trabajo.

Tarea 4, p. 121

19-e) El texto comienza mencionando dos teorías sobre el origen de Internet y explica la primera de ellas y el fragmento **e)** lo completa explicando *la otra versión*; **20-b)** En el texto se dice que *cada terminal tenía una forma de trabajo diferente* y el fragmento **b)** explica la consecuencia de ello y dice que *por eso (...) se vio la necesidad de unificar los sistemas*, es decir, las dos formas de trabajo; **21-h)** El texto dice que el sistema se perfeccionó, pero en el fragmento **h)** se hace un inciso afirmando que inicialmente esto *solo era aprovechado en el ámbito universitario y científico,* posteriormente, el texto continúa diciendo que gracias a las páginas web Internet *pasó a ser un medio de comunicación de masas*; **22-c)** El texto habla de la invención de los *hiperenlaces o links* y en el fragmento **c)** se prosigue diciendo que *de la mano de estos enlaces...*; **23-a)** El texto habla del avance en la creación de *sitios web dedicados a los más diversos temas* y en el fragmento **a)** se dice que *paralelamente* los equipos domésticos se hacían lo suficientemente potentes como para navegar por *esos sitios*; **24-f)** En el texto se menciona la *lucha por el control de los navegadores* y en el fragmento **f)** se afirma que *el resultado fue el triunfo del navegador que la mayoría usamos hoy en día*. Descartamos **d)** y **g)** porque, aunque se relacionan temáticamente con el texto, no se pueden insertar en ningún lugar.

Tarea 5, p. 123

25-a) La expresión correcta que se emplea para introducir algo es *En primer lugar,* por lo cual descartamos las otras opciones; **26-c)** En este caso la expresión equivalente para decir que la habitación *da al mar* es *con vistas a*, de ahí que se descarten las otras dos opciones; **27-a)** La expresión apropiada para disculparse o pedir disculpas es *sentirlo*. Descartamos **b)** y **c)** porque *la siento* y *le siento* pertenecerían al verbo *sentar*; **28-b)** En este caso se trata de una descripción del estado de las habitaciones en el pasado, por lo cual el verbo debe ir en pretérito imperfecto; **29-b)** El conector apropiado es *pero*, ya que todo el tiempo se está hablando de algo negativo y con *pero* lo que se pretende es decir que hay más cosas negativas. Descartamos las opciones **a)** y **c)** porque introducen cambios o ideas en contraposición a lo que se ha dicho antes; **30-c)** *Me parece fatal* es una expresión de valoración y por tanto va seguida de subjuntivo. Descartamos, por tanto, **a)** y **b)**.

COMPRENSIÓN AUDITIVA

Tarea 1, p. 124

1-b) El anuncio afirma que el servicio de conexión a Internet es *de pago*. Descartamos **a)** porque solo los aparatos de la planta 0 cuentan con impresora y **c)** porque es en los planos del aeropuerto donde podemos encontrar la ubicación de los puntos de conexión; **2-c)** El anuncio dice que el nuevo servicio es para *que los viajeros descarguen guías turísticas*. Descartamos **a)**, porque se afirma que este servicio está junto a la sala de recogida de equipajes, no que sirva para saber dónde están las maletas, y **b)**, porque lo que se dice es que estas guías se pueden descargar en el teléfono móvil y no que este servicio sirva para utilizar el móvil; **3-a)** El anuncio dice que plastificar cada maleta o bulto cuesta seis euros. Se descarta **b)**, porque el servicio está disponible de 8:30 a 24:00, con lo cual no se puede facturar a cualquier hora, y **c)**, porque lo que dice es que, si se desea liberar las ruedas, hay que decírselo al empleado; lo que sí es más caro es el servicio de seguimiento del equipaje; **4-c)** En el anuncio se dice que como consecuencia de las obras *la sala de llegadas (...) se ha trasladado momentáneamente*. Descartamos **a)** porque se dice que hay un pasillo para comunicar con los baños, no que no haya baños o no se puedan usar, y **b)**, porque se afirma que se cerrarán las cafeterías, pero que habrá máquinas de sándwiches y bebidas; **5-a)** El anuncio dice que la sala de negocios también puede utilizarse para *esperar un vuelo*. Descartamos **b)** porque se afirma que es también para particulares. Se descarta también **c)** porque lo que dice es que está situada junto a los restaurantes; **6-b)** Se habla de *ampliación* y se dice que hasta el momento llegaba a Torrejón y ahora llega hasta Alcalá; por tanto descartamos **a)**, y también **c)**, porque sí que funciona los fines de semana, pero con otra frecuencia.

Tarea 2, p. 125

7-b) Roberto dice que su hermano llevó a Carmen a su casa y así se conocieron. Descartamos **a)** porque lo que dice es que el hermano de Roberto y Carmen trabajaban en la misma empresa en Montevideo y **c)**, porque lo que dice es que, después de conocerla, la invitó a su fiesta de cumpleaños; **8-c)** Afirma que después de *hablar mucho* y *pensarlo bien* optaron por irse a España, es decir, fue una decisión de los dos. Descartamos **a)** porque Carmen prefería quedarse en Uruguay, así que estaba bien o contenta, y **b)** porque él tenía algo temporal, pero a ella no le renovaron su contrato y no tenía trabajo; **9-b)** Roberto afirma que la casa donde se alojaron al principio tenía solo *dos dormitorios y ellos tenían que dormir en el sofá*. Se descarta **a)** porque Roberto dice que los acogieron maravillosamente, con lo cual se sentía cómodo entre ellos, y **c)**, porque afirma que ya los había conocido en la boda; **10-a)** Afirma que el único problema del apartamento donde viven ahora es que está en un quinto piso y no tiene ascensor. Descartamos **b)** porque afirma que están en el mismo barrio que los padres de Carmen y **c)** porque aunque dice que es *chiquito* también afirma que no le importa; **11-a)** Dice que echa de menos el mar que podía ver desde su casa en Uruguay. Descartamos **b)** porque al contrario afirma que estaba en una zona tranquila, y **c)** porque lo que dice es que su casa actual está cerca de un parque; **12-c)** Roberto comenta que sus padres vendrán en Navidades y que solo queda un mes, así que dentro de poco los visitarán. Descartamos **a)**, porque dice que sus padres ya estuvieron en España durante su luna de miel, y **b)**, porque habla de las próximas Navidades, no de las pasadas.

Tarea 3, p. 126

13-c) La noticia dice que *por tercer año consecutivo ofrece el ciclo Cine de Montaña*. Descartamos **a)** porque solo habla de los viernes de febrero y marzo y no de todos los viernes, y **b)** porque lo que afirma es que las películas se proyectarán en la Casa de la Juventud y no que el club se reúna allí; **14-b)** La noticia afirma que el nuevo instituto *se une a los cuatro con que ya contaba la localidad*, lo que hace un total de cinco. Descartamos **a)**, porque se afirma que el Ayuntamiento cede los terrenos, pero *será financiado con fondos de la Comunidad* y **c)**, porque se dice que el terreno para su construcción está en el parque empresarial y no en el centro del pueblo; **15-c)** La noticia dice que la nueva línea de autobuses tendrá *horarios especiales en fin de semana*. Descartamos **a)** porque dice que, además de ir al hospital, irá a las zonas de ocio y centros comerciales y **b)**, porque lo que dice es que el viaje dura 50 minutos, pero la frecuencia es de 30 o 60 minutos según los horarios; **16-a)** La noticia dice que la libertad de horarios comerciales *no gusta al pequeño comercio ni a los sindicatos*. Descartamos **b)** porque, según el texto, la medida va destinada a las grandes superficies y **c)** porque afirma que *nuestra comunidad se convirtió ayer en la primera que estrena libertad de horarios comerciales*; **17-c)** La noticia afirma que los trabajos de mejora son principalmente sobre *aceras y pavimentos*. Descartamos **a)** porque la noticia dice que *los trabajos han sido seleccionados (...) una vez valoradas las peticiones de los ciudadanos,* con lo cual se ha considerado la opinión pública, y **b)** porque lo que dice es que las raíces de los árboles eran la causa de que las aceras estuvieran estropeadas en algunos lugares y no que se vayan a plantar más árboles; **18-a)** La noticia afirma que los cortes de tráfico se producirán desde ese día por la mañana hasta el día 18 de junio, con lo cual son temporales. Se descarta **b)**, porque se dice que habrá *acceso exclusivo para residentes*, con lo cual no les afecta a ellos y **c)**, porque la noticia informa de que ya han comenzado esa mañana.

Tarea 4, p. 127
0-h) El hombre afirma que actualmente vive en los alrededores de Sevilla, es decir, a las afueras; **19-d)** La señora dice que echa de menos más *zonas verdes,* así que le gustaría tener más parques; **20-i)** El hombre dice que su problema es que tiene *que dejar el coche lejísimos de casa*, con lo cual tiene problemas de aparcamiento; **21-f)** La señora dice que vive en el *casco histórico de Toledo*, es decir, en la zona antigua; **22-a)** El hombre afirma que se quedó con la casa de sus padres y que *lleva allí toda la vida*; **23-j)** La señora dice que cuando llegó a vivir allí era muy tranquilo, pero que ahora la contaminación y el ruido son insoportables, así que el barrio ha cambiado mucho; **24-c)** El hombre afirma que acaba de mudarse a ese barrio, con lo que lleva allí poco tiempo. Descartamos **b)**, **e)** y **g)** porque no se pueden relacionar con las afirmaciones de ninguna de las personas.

Tarea 5, p. 127
0-a) Ester exclama *¡Por fin!,* que expresa impaciencia y dice que estaba a punto de irse, lo que hace pensar que ya lleva tiempo; **25-c)** Carlos afirma que ha venido en coche y Ester, que ha venido andando; **26-b)** Carlos afirma que ha quedado luego, es decir, tiene otra cita; **27-b)** Carlos afirma que acaba de enterarse de que Chema se ha comprado un piso y se sobreentiende que no lo conoce todavía; **28-c)** Los dos afirman que los helados de la otra heladería son mejores; **29-a)** Ester afirma que odia leer de Internet, es decir, en un ordenador; **30-a)** Ester dice que trabaja al día siguiente, que es sábado, y el pasado al siguiente, que es domingo.